Joseph Déjacque

L'Humanisphère

Utopie anarchique

ISBN : 978-1973869153

10 9 8 7 6 5 4 3 2 1

Joseph Déjacque

L'Humanisphère

Utopie anarchique

Table de Matières

Première partie

L'Humanisphère, Utopie Anarchique

Utopie : «Rêve non réalisé, mais non pas irréalisable.»

Anarchie : «Absence de gouvernement.»

Les révolutions sont des conservations. (P. J. Proudhon)

Il n'y a de vraies révolutions que les révolutions d'idées. (Jouffroy)

Faisons des mœurs et ne faisons plus de lois. (Emile de Girardin)

Réglez vos paroles et vos actions comme devant être jugées par la loi de la liberté...... Tenez-vous donc fermes dans la liberté à l'égard de laquelle le Christ vous a affranchis et ne vous soumettez plus au joug de la servitude.

Car nous n'avons pas à combattre contre le sang et la chair, mais contre les «principautés», contre les «puissances», contre les «seigneurs du monde», gouverneurs des ténèbres de ce siècle. (L'apôtre Saint-Paul)

Qu'est-ce que ce livre !

Ce livre n'est point une œuvre littéraire, c'est une œuvre infernale, le cri d'un esclave rebelle.

Comme le mousse de la Salamandre, ne pouvant, dans ma faiblesse individuelle, terrasser tout ce qui, sur le navire de l'ordre légal, me domine et me maltraite, quand ma journée est faite dans l'atelier, quand mon quart est fini sur le pont, je descends nuitamment à fond de cale, je prends possession de mon coin solitaire ; et, là, des dents et des ongles, comme un rat dans l'ombre, je gratte et je ronge les parois vermoulues de la vieille société. Le jour, j'utilise encore mes heures de chômage, je m'arme d'une plume comme d'une vrille, je la trempe dans le fiel en guise de graisse, et, petit à petit, j'ouvre une voie chaque jour plus grande au flot novateur, je perfore sans relâche la carène de la Civilisation. Moi, infime prolétaire, à qui l'équipage, horde d'exploiteurs, inflige journellement le supplice de la misère aggravée des brutalités de l'exil ou de la prison, j'entrouvre l'abîme sous les pieds de mes meurtriers, et je passe

Joseph Déjacque

le baume de la vengeance sur mes cicatrices toujours saignantes. J'ai l'œil sur mes maîtres. Je sais que chaque jour me rapproche du but ; qu'un formidable cri le sinistre sauve qui peut ! va bientôt retentir au plus fort de leur joyeuse ivresse. Rat-de-cale, je prépare leur naufrage ; ce naufrage peut seul mettre fin à mes maux comme aux maux de mes semblables. Vienne la révolution, les souffreteux n'ont-ils pas, pour biscuit, des idées en réserve, et, pour planche de salut, le socialisme !

Ce livre n'est point écrit avec de l'encre ; ses pages ne sont point des feuilles de papier.

Ce livre, c'est de l'acier tourné en in-8° et chargé de fulminate d'idées. C'est un projectile autoricide que je jette à mille exemplaires sur le pavé des civilisés. Puissent ses éclats voler au loin et trouer mortellement les rangs des préjugés. Puisse la vieille société en craquer jusque dans ses fondements.

Privilégiés ! pour qui a semé l'esclavage, l'heure est venue de récolter la rébellion. Il n'est pas un travailleur qui, sous les lambris de sa cervelle, ne confectionne clandestinement quelques pensées de destruction. Vous avez, vous, la baïonnette et le Code pénal, le catéchisme et la guillotine ; nous avons, nous, la barricade et l'utopie, le sarcasme et la bombe. Vous, vous êtes la compression ; nous, nous sommes la mine : une étincelle peut vous faire sauter !

C'est qu'aujourd'hui, sachez-le, sous leur carcan de fer, sous leur superficielle torpeur, les multitudes sont composées de grains de poudre ; les fibres des penseurs en sont les capsules. Aussi, n'est-ce pas sans danger qu'on écrase la liberté sur le front des sombres foules. Imprudents réacteurs ! Dieu est Dieu, dites-vous. Oui, mais Satan est Satan !... Les élus du veau-d'or sont peu nombreux, et l'enfer regorge de damnés. Aristocrates, il ne faut pas jouer avec le feu, le feu de l'enfer, entendez-vous !...

Ce livre n'est point un écrit, c'est un acte. Il n'a pas été tracé par la main gantée d'un fantaisiste ; il est pétri avec du cœur et de la logique, avec du sang et de la fièvre. C'est un cri d'insurrection, un coup de tocsin tinté avec le marteau de l'idée à l'oreille des passions populaires. C'est de plus un chant de victoire, une salve triomphale, la proclamation de la souveraineté individuelle, l'avènement de l'universelle liberté ; c'est l'amnistie pleine et entière des peines autoritaires du passé par décret anarchique de l'humanitaire Avenir.

Ce livre, c'est de la haine, c'est de l'amour !….

Préface

Connais-toi toi même.

La science sociale procède par inductions et par déductions, par analogie. C'est par une série de comparaisons qu'elle arrive à la combinaison de la vérité.

Je procéderai donc par analogie.

Je tâcherai d'être laconique. Les gros volumes ne sont pas ceux qui en disent le plus. De préférence aux longues dissertations, aux pédagogies classiques, j'emploierai la phrase imagée, elle a l'avantage de pouvoir dire beaucoup en peu de mots.

Je suis loin d'avoir la science infuse. J'ai lu un peu, observé davantage, médité beaucoup. Je suis, je crois, malgré mon ignorance dans un des milieux les plus favorables pour résumer les besoins de l'humanité. J'ai toutes les passions bien que je ne puisse les satisfaire, celle de l'amour et celle de la haine, la passion de l'extrême luxe et celle de l'extrême simplicité. Je comprends tous les appétits, ceux du cœur et du ventre, ceux de la chair et de l'esprit. J'ai du goût pour le pain blanc et même aussi pour le pain noir, pour les discussions orageuses et aussi pour les douces causeries. Toutes les soifs physiques et morales je les connais, j'ai l'intuition de toutes les ivresses ; tout ce qui surexcite ou qui calme a pour moi des séductions : le café et la poésie, le champagne et l'art, le vin et le tabac, le miel et le lait, les spectacles, le tumulte et les lumières, l'ombre, la solitude et l'eau pure. J'aime le travail, les forts labeurs ; j'aime aussi les loisirs, les molles paresses. Je pourrais vivre de peu et me trouver riche, consommer énormément et me trouver pauvre. J'ai regardé par le trou de la serrure dans la vie privée de l'opulence, je connais ses serres-chaudes et ses salons somptueux ; et je connais aussi par expérience le froid et la misère. J'ai eu des indigestions et j'ai eu faim. J'ai mille caprices et pas une jouissance. Je suis susceptible de commettre parfois ce que l'argot des civilisés flétrit du nom de vertu, et le plus souvent encore ce qu'il honore du nom de crime. Je suis l'homme le plus vide de préjugés et le plus rempli de

passions que je connaisse ; assez orgueilleux pour n'être point va-
niteux, et trop fier pour être hypocritement modeste. Je n'ai qu'un
visage, mais ce visage est mobile comme la physionomie de l'onde ;
au moindre souffle, il passe d'une expression à une autre, du calme
à l'orage et de la colère à l'attendrissement. C'est pourquoi, passio-
nalité multiple, j'espère traiter avec quelque chance de succès de
la société humaine, attendu que, pour en bien traiter, cela dépend
autant de la connaissance qu'on a des passions de soi-même, que
de la connaissance qu'on a des passions des autres.

Le monde de l'anarchie n'est pas de mon invention, certes, pas
plus qu'il n'est de l'invention de Proudhon, ni de Pierre, ni de Jean.
Chacun en particulier n'invente rien. Les inventions sont le résultat
d'observations collectives ; c'est l'explication d'un phénomène, une
égratignure faite au colosse de l'inconnu, mais c'est l'œuvre de tous
les hommes et de toutes les générations d'hommes liés ensemble
par une indissoluble solidarité. Or, s'il y a invention, j'ai droit tout
au plus à un brevet de perfectionnement. Je serais médiocrement
flatté que de mauvais plaisants voulussent m'appliquer sur la face
le titre de chef d'école. Je comprends qu'on expose des idées se rap-
prochant ou s'éloignant plus ou moins des idées connues. Mais ce
que je ne comprends pas c'est qu'il y ait des hommes pour les ac-
cepter servilement, pour se faire les adeptes quand même du premier venu, pour se modeler sur ses manières de voir, le singer dans
ses moindres détails : et endosser, comme un soldat ou un laquais,
son uniforme ou sa livrée. Tout au moins ajustez-les à votre taille ;
rognez-les ou élargissez-les, mais ne les portez pas tels quels, avec
des manches trop courtes ou des pans trop longs. Autrement ce
n'est pas faire preuve d'intelligence, c'est peu digne d'un homme
qui sent et qui pense, et puis c'est ridicule.

L'autorité aligne les hommes sous ses drapeaux par la discipline,
elle les y enchaîne par le code de l'orthodoxie militaire, l'obéissance
passive ; sa voix impérieuse commande le silence et l'immobilité
dans les rangs, l'autocratique fixité. La Liberté rallie les hommes à
sa bannière par la voix du libre examen ; elle ne les pétrifie pas sur
la même ligne. Chacun se range où il lui plaît et se meut comme il
l'entend. La Liberté n'enrégimente pas les hommes sous la plume
d'un chef de secte : elle les initie au mouvement des idées et leur in-
culque le sentiment de l'indépendance active. L'autorité, c'est l'uni-

té dans l'uniformité ! La Liberté, c'est l'unité dans la diversité. L'axe de l'autorité, c'est la knout-archie. L'anarchie est l'axe de la liberté.

Pour moi, il s'agit bien moins de faire des disciples que de faire des hommes, et l'on n'est homme qu'à la condition d'être soi. Incorporons-nous les idées des autres et incarnons nos idées dans les autres ; mêlons nos pensées, rien de mieux ; mais faisons de ce mélange une conception désormais nôtre. Soyons une œuvre originale et non une copie. L'esclave se modèle sur le maître, il imite. L'homme libre ne produit que son type, il crée.

Mon plan est de faire un tableau de la société telle que la société m'apparaît dans l'avenir : la liberté individuelle se mouvant anarchiquement dans la communauté sociale et produisant l'harmonie.

Je n'ai nullement la prétention d'imposer mon opinion aux autres. Je ne descends pas du nuageux Sinaï. Je ne marche pas escorté d'éclairs et de tonnerres. Je ne suis pas envoyé par l'autocrate de tous les univers pour révéler sa parole à ses très-humbles sujets et publier l'oukase impérial de ses commandements J'habite les gouffres de la société ; j'y ai puisé des pensées révolutionnaires, et je les épanche au dehors en déchirant les ténèbres. Je suis un chercheur de vérités, un coureur de progrès, un rêveur de lumières. Je soupire après le bonheur et j'en évoque l'idéal. Si cet idéal vous sourit, faites comme moi, aimez-le. Si vous lui trouvez des imperfections, corrigez-les. S'il vous déplaît ainsi, créez-vous en un autre. Je ne suis pas exclusif, et j'abandonnerai volontiers le mien pour le vôtre, si le vôtre me semble plus parfait. Seulement, je ne vois que deux grandes figures possibles ; on peut en modifier l'expression, il n'y a pas à en changer les traits : c'est la liberté absolue ou l'autorité absolue. Moi, j'ai choisi la liberté. L'autorité, on l'a vue à l'œuvre, et ses œuvres la condamnent. C'est une vieille prostituée qui n'a jamais enseigné que la dépravation et n'a jamais engendré que la mort. La liberté ne s'est encore fait connaître que par son timide sourire. C'est une vierge que le baiser de l'humanité n'a pas encore fécondée ; mais, que l'homme se laisse séduire par ses charmes, qu'il lui donne tout son amour, et elle enfantera bientôt des générations dignes du grand nom qu'elle porte.

Infirmer l'autorité et critiquer ses actes ne suffit pas. Une négation, pour être absolue, a besoin de se compléter d'une affirmation.

C'est pourquoi j'affirme la liberté, pourquoi j'en déduis les conséquences.

Je m'adresse surtout aux prolétaires, et les prolétaires sont pour la plupart encore plus ignorants que moi ; aussi, avant d'en arriver à faire l'exposé de l'ordre anarchique, peinture qui sera pour ce livre le dernier coup de plume de l'auteur, il est nécessaire d'esquisser l'historique de l'Humanité. Je suivrai donc sa marche à travers les âges dans le passé et dans le présent et je l'accompagnerai jusque dans l'avenir.

Dans cette esquisse j'ai à reproduire un sujet touché de main de maître par un grand artiste en poésie. Je n'ai pas son travail sous la main ; et l'eusse-je, je relis rarement un livre, je n'en ai guère le loisir ni le courage Ma mémoire est toute ma bibliothèque, et ma bibliothèque est souvent bien en désordre. S'il m'échappait des réminiscences, s'il m'arrivait de puiser dans mes souvenirs, croyant puiser dans mon propre fonds, je déclare du moins que ce serait sans le savoir et sans le vouloir. J'ai en horreur les plagiaires. Toutefois, je suis aussi de l'avis d'Alfred de Musset, je puis penser ce qu'un autre a pensé avant moi. Je désirerais une chose, c'est que ceux qui n'ont pas lu le livre d'Eugène Pelletan, Le Monde marche, voulussent bien le lire avant de continuer la lecture du mien. L'œuvre du brillant écrivain est tout un musée du règne de l'humanité jusqu'à nos jours, magnifiques pages qu'il est toujours bon de connaître, et qui seront d'un grand secours à plus d'un civilisé, accoudé devant mon ouvrage, non seulement pour suppléer à ce qu'il y manque, mais encore pour aider à en comprendre les ombres et les clairs.

Et maintenant, lecteur, si tu veux faire route avec moi, fais provision d'intelligence, et en marche !

Question géologique

«Si on leur dit (aux civilisés) que notre tourbillon d'environ deux cents comètes et planètes est l'image d'une abeille occupant une alvéole dans la ruche ; que les autres étoiles fixes, entourées chacune d'un tourbillon, figurent d'autres planètes, et que l'ensemble de ce vaste univers n'est compté à son tour que pour une abeille dans une ruche formée d'environ cent mille univers sidéraux, dont l'ensemble est un BINIVERS, qu'ensuite viennent les TRINIVERS formés de plusieurs milliers de binivers et ainsi de suite ; enfin, que chacun de ces univers, binivers, trinivers est une créature ayant comme nous son âme, ses phases de jeunesse et de vieillesse, mort et naissance...... : ils ne laisseront pas achever ce sujet, ils crieront à la démence, aux rêveries gigantesques ; et pourtant ils posent en principe l'analogie universelle ! «

(Ch. Fourier)

On connaît la physionomie de la Terre, sa conformation externe. Le crayon, le pinceau, la plume en ont retracé les traits. Les toiles des artistes et les livres des poètes l'ont prise à son berceau et nous l'ont fait voir enveloppée d'abord des langes de l'inondation, toute molle encore et avec la teigne des premiers jours ; puis se raffermissant et se couvrant d'une chevelure végétative, animant ses sites, s'embellissant au fur et à mesure qu'elle avançait dans la vie.

On connaît aussi sa conformation interne, sa physiologie ; on a fait l'anatomie de ses entrailles. Les fouilles ont mis à nu sa charpente osseuse à laquelle on a donné le nom de minéral ; ses artères, où l'eau circule, ses intestins enduits d'une muquosité de feu.

Mais son organisme psychologique, qui s'en est occupé ? Personne. Où est chez elle le siège de la pensée ? Où est placé son cerveau ? On l'ignore. Et cependant les globes, pour être d'une nature différente de la nôtre, n'en sont pas moins des êtres mouvants et pensants. Ce que nous avons pris jusqu'ici pour la surface de la terre, en est-il bien réellement la surface ? Et en la dépouillant, en la scalpant des atmosphères qui l'enveloppent, ne mettons-nous pas à vif sa chair et ses fibres, ne lui entamons-nous pas le cervelet jusqu'à la moelle, ne lui arrachons-nous pas les os avec la peau ?

Qui sait si, pour le globe terrestre qui, lui aussi, est un être animé et dont l'étude zoologique est si loin d'être achevée, qui sait si l'humanité n'est pas la matière de sa cervelle ? Si l'atome humain n'est pas l'animacule de la pensée, la molécule de l'intelligence planétaire fonctionnant sous le vaste crâne de ses cercles atmosphériques ? Connaît-on quelque chose à la nature de ses sens intimes ? Et qu'y aurait-il d'étrange à ce que toutes nos actions sociales, fourmillement de sociétés homonculaires, fussent les idées ou les rêves qui peuplent d'un pôle à l'autre le front du globe ?

Joseph Déjacque

Je ne prétends pas résoudre de prime abord la question, l'affirmer ou l'infirmer absolument. Je n'ai certainement pas assez médité sur ce sujet. Seulement, je pose la chose sous forme interrogative, afin de provoquer des recherches, une réponse. Cette réponse peut-être bien la ferais-je moi-même. Il ne me paraît pas sans intérêt de s'occuper de l'organisme intellectuel de l'être au sein duquel nous avons pris naissance, pas plus qu'il ne me paraît sans intérêt de s'occuper de son organisme corporel. Pour qui veut étudier la zoologie des êtres, animaux ou planètes, la psychologie est inséparable de la physiologie.

Ce prologue terminé, laissons la terre rouler sur son axe et graviter vers son soleil, et occupons-nous du mouvement de l'humanité et de sa gravitation vers le progrès.

Mouvement de l'Humanité

I.

"Un crétin ! c'est-à-dire un pauvre être déprimé, craintif et nain ; une matière qui se meut ou un homme qui végète, une créature disgraciée qui se gorge de végétaux aqueux, de pain noir et d'eau crue ; – nature sans industrie, sans idées, sans passé, sans avenir, sans forces ; – infortuné qui ne reconnaît pas ses semblables, qui ne parle pas, qui reste insensible au monde extérieur, qui naît, croit et meurt à la même place, misérable comme l'amer lichen et les chênes noueux.

Oh ! c'est un affreux spectacle que de voir l'homme ainsi accroupi dans la poussière, la tête inclinée vers le sol, les bras pendants, le dos courbé, les jambes fléchies, les yeux clairs ou ternes, le regard vague ou effrayant de fixité, sachant à peine tendre la main au passant ; – avec des joues infiltrées, de longs doigts et de longs pieds, des cheveux hérissés comme le pelage des fauves, un front fuyant ou rétréci, une tête aplatie, et une face de singe.

Que notre corps est imperceptible au milieu de l'univers, s'il n'est pas grandi par notre savoir ! Que les premiers hommes étaient tremblants en face des eaux débordées et des pierres rebelles ! Comme les grandes Alpes rapetissent le montagnard du Valais ! Comme il rampe lentement, de leurs pieds à leurs têtes, par des sentiers à peine praticables ! On dirait qu'il a peur d'éveiller des colères souterraines. Ver de terre, ignorant, esclave, crétin, l'homme serait tout cela aujourd'hui s'il ne s'était jamais révolté contre la force. Et le voilà superbe, géant, Dieu, parce qu'il a tout osé !

Et l'homme lutterait encore contre la Révolution ! Le fils maudirait sa mère, Moïse, sauvé des eaux, renierait la noble fille de Pharaon ! Cela ne peut pas être. Au Dieu du ciel, à la Fatalité, la Foudre aveugle ; au Dieu de la terre, à l'homme libre, la Révolution qui voit clair. Feu contre feu, éclairs contre éclairs, déluge contre déluge, lumières contre lumières. Le ciel n'est pas si haut que nous ne puissions déjà le voir ; et l'homme atteint tôt ou tard tout ce qu'il convoite ! "

(Ernest Cœurderoy)

"Le monde marche."

(E. Pelletan)

Le monde marche, comme dit Pelletan, belle plume, mais plume bourgeoise, plume girondine, plume de théocrate de l'intelligence. Oui, le monde marche, marche et marche encore. D'abord il a commencé par ramper, la face contre terre, sur les genoux et les coudes, fouillant avec son groin la terre encore détrempée d'eau diluvienne, et il s'est nourri de tourbe. La végétation lui souriant, il s'est soulevé sur ses mains et sur ses pieds, et il a brouté avec le mufle les touffes d'herbes et l'écorce des arbres. Accroupi au pied de l'arbre dont le haut jet sollicitait ses regards, il a osé lever la tête ; puis il a porté les mains à la hauteur de ses épaules, puis enfin il s'est dressé sur ses deux pieds, et, du haut de sa stature, il a dominé du poids de sa prunelle tout ce qui le dominait l'instant d'auparavant. Alors, il a eu comme un tressaillement de fierté, lui, encore si faible et si nu. C'est qu'il venait de s'initier à la hauteur de sa taille corporelle. C'est que le sang qui, dans l'allure horizontale de l'homme, lui bourdonnait dans les oreilles et l'assourdissait, lui injectait les yeux et l'aveuglait, lui inondait le cerveau et l'assourdissait ; ce sang, reprenant son niveau, comme, après le déluge, les eaux fluviales, les eaux océanides, ce sang venait refluer dans ses artères naturelles par la révolution de l'horizontalité à la verticalité humaine, débarrassant son front d'une tempe à l'autre, et découvrant, pour la fécondation, le limon de toutes les semences intellectuelles.

Jusque là, l'animal humain n'avait été qu'une brute entre les brutes ; il venait de se révéler homme. La pensée s'était fait jour ; elle était encore à l'état de germe, mais le germe contenait les futures moissons... L'arbre à l'ombre duquel l'homme s'était dressé portait des fruits ; il en prit un avec la main, la main... cette main qui jusqu'alors n'avait été pour lui qu'une patte et ne lui avait servi à autre chose qu'à se traîner, à marcher, maintenant elle va devenir le signe de sa royale animalité, le sceptre de sa terrestre puissance. Ayant mangé les fruits à sa portée, il en aperçoit que son bras ne peut atteindre. Alors, il déracine une jeune pousse, il allonge au moyen de ce bâton son bras à la hauteur du fruit et le détache de sa branche. Ce bâton lui servira bientôt pour l'aider dans sa marche, pour se défendre contre les bêtes fauves ou pour les attaquer. Après avoir mordu au fruit, il veut mordre à la chair ; et le voilà parti à chasser ; et comme il a cueilli la pomme, le voilà qui tue le gibier. Et il se fait une fourrure avec des peaux de bêtes, un gîte avec des branches et des feuilles d'arbres, ces arbres dont hier, il broutait le tronc, et dont il escalade aujourd'hui les plus hautes cimes pour y dénicher les œufs ou les petits des oiseaux. Ses yeux, qu'il tenait collés sur la croûte du sol, contemplent maintenant avec majesté l'azur et toutes les perles d'or de son splendide écrin. C'est sa couronne souveraine à lui, roi parmi tout ce qui respire, et à chacun de ces joyaux célestes, il donne un nom, une valeur astronomique. A l'instinct qui vagissait en lui a succédé l'intelligence qui balbutie encore et parlera demain. Sa langue s'est déliée comme sa main et toutes deux fonctionnent à la fois. Il peut converser avec ses semblables et joindre sa main à leur main, échanger avec eux des idées et des forces, des sensations et des sentiments. L'homme n'est plus seul, isolé, débile, il est une race ; il pense et il agit, et il participe par la pensée et par l'action à tout ce qui pense et agit chez les autres hommes. La solidarité s'est révélée à lui. Sa vie s'en est accrue : il vit non plus seulement dans son individu, non plus seulement dans la génération présente, mais dans les générations qui l'ont précédé, dans celles qui lui succéderont. Reptile à l'origine, il est devenu quadrupède, de quadrupède bipède, et, debout sur ses deux pieds, il marche portant, comme Mercure, des ailes à la tête et aux talons. Par le regard et par la pensée, il s'élève comme l'aigle au-delà des nuages et plonge dans les profondeurs de l'infini ; les coursiers qu'il a domptés lui prêtent l'agilité de leurs jarrets pour franchir les terrestres espaces ; les troncs d'arbres creusés le bercent sur les flots, des branches taillées en pagaies lui servent de nageoires. De simple brouteur il s'est fait chasseur, puis pasteur, agriculteur, industriel. La destinée lui a dit : Marche ! il marche, marche toujours. Et il a dérobé mille secrets à la nature ; il a façonné le bois, pétri la terre, forgé les métaux ; il a mis son estampille sur tout ce qui l'entoure.

Ainsi l'homme-individu est sorti du chaos. Il a végété d'abord comme le minéral ou la plante, puis il a rampé ; il marche et aspire à la vie ailée, à une locomotion plus rapide et plus étendue. L'homme-humanité est encore un fœtus, mais le fœtus se développe dans l'organe générationnel, et après ses phases successives d'accroissement, il se fera jour, se dégagera enfin du chaos et, de gravitation en gravitation, atteindra la plénitude de ses facultés sociales.

— Dieu, c'est le mal.

— La propriété, c'est le Vol.

— L'Esclavage, c'est l'Assassinat.

(P.J. Proudhon)

La Famille, c'est le Mal, c'est le Vol, c'est l'Assassinat.

Tout ce qui fut devait être ; les récriminations n'y changeraient rien. Le passé est 1e passé, et il n'y a à y revenir que pour en tirer des enseignements pour l'avenir.

Aux premiers jours de l'être humain, quand les hommes, encore faibles en force et en nombre, étaient dispersés sur le globe et végétaient enracinés et clairsemés dans les forêts comme des bluets dans les blés, les chocs, les froissements ne pouvaient guère se produire. Chacun vivait à la commune mamelle, et la mamelle produisait abondamment pour tous. Peu de chose d'ailleurs suffisait à l'homme : des fruits pour manger, des feuilles pour se vêtir ou s'abriter, telle était la faible somme de ses besoins. Seulement, ce que je constate, le point sur lequel j'insiste, c'est que l'homme, à ses débuts dans le monde, au sortir du ventre de la terre, à l'heure où la loi instinctive guide les premiers mouvements des êtres nouveau-nés, à cette heure où la grande voix de la nature leur parle à l'oreille et leur révèle leur destinée cette voix qui indique aux oiseaux les aériens espaces, aux poissons les firmaments sous-marins, aux autres animaux les plaines et les forêts à parcourir ; qui dit à l'ours : tu vivras solitaire dans ton antre, à la fourmi : tu vivras en société dans la fourmilière ; à la colombe tu vivras accouplée dans le même nid, mâle et femelle aux époques d'amour ; – l'homme alors entendit cette voix lui dire : tu vivras en communauté sur la terre, libre et en fraternité avec tes semblables ; être social, la sociabilité grandira ton être ; repose où tu voudras ta tête, cueille des fruits, tue du gibier, fais l'amour, bois ou mange, tu es partout chez toi ; tout t'appartient à toi comme à tous. Si tu voulais faire violence à ton prochain, mâle ou femelle, ton prochain te répondrait par la violence, et, tu le sais, sa force est à peu près égale à la tienne ; donnes carrière à tous tes appétits, à toutes tes passions, mais n'oublie pas qu'il faut qu'il y ait harmonie entre tes forces et ton intelligence, entre ce qui te plaît à toi et ce qui plaît aux autres. Et, maintenant, va : la terre, à cette condition, sera pour toi le jardin des Hespérides.

Avant d'en arriver à la combinaison des races, la Terre, petite fille avide de jouer à la production, tailla et découpa dans l'argile, aux jours de sa fermentation, bien des monstres informes qu'elle chiffonna ensuite et déchira avec un tremblement de colère et un déluge de larmes. Tout travail exige un apprentissage. Et il lui fallut faire bien des essais défectueux avant d'en arriver à la formation d'êtres complets, à la composition des espèces. Pour l'espèce humaine, son chef-d'œuvre, elle eut le tort de comprimer un peu trop la cervelle et de donner un peu trop d'ampleur au ventre. Le développement de l'une ne correspondit pas au développement de l'autre. Il y eut fausse coupe, partant de là désharmonie. Ce n'est pas un reproche que je lui adresse. Pouvait-elle faire mieux ? Non. Il était dans l'ordre fatal qu'il en fût ainsi. Tout était grossier et sauvage autour de l'homme ; l'homme devait donc commencer par être grossier et sauvage ; une trop grande délicatesse de sens l'eut tué. La sensitive se replie sur elle-même quand le temps est à l'orage, elle ne s'épanouit que sous le calme et rayonnant azur.

Le jour vint donc où l'accroissement de la race humaine dépassa l'accroissement de son intelligence. L'homme, encore sur les limites de l'idiotisme, avait peu de rapport avec l'homme. Son hébétement le rendait farouche. Son corps s'était bien, il est vrai, relevé de son abjection primitive ; il avait bien exercé l'adresse de ses muscles, conquis la force et l'agilité corporelle ; mais son esprit, un moment éveillé, était retombé dans sa léthargie embryonnaire et menaçait de s'y éterniser. La fibre intellectuelle croupissait dans ses langes. L'aiguillon de la douleur devenait nécessaire pour arracher le cerveau de l'homme à sa somnolence et le rappeler à sa destinée sociale. Les fruits devinrent plus rares, la chasse plus difficile : il fallut s'en disputer la possession. L'homme se rapprocha de l'homme, mais pour le combattre, souvent aussi pour lui prêter son appui. N'importe comment, il y eut contact. D'errants qu'ils étaient, l'homme et la femme s'accouplèrent ; puis il se forma des groupes, des tribus. Les groupes eurent leurs troupeaux, puis leurs champs, puis leurs ateliers. L'intelligence était désormais sortie de sa torpeur. La voix de la nécessité leur criait marche ! et ils marchaient. Cependant, tous ces progrès ne s'accomplirent pas sans déchirements. Le développement des idées était toujours en retard sur le développement des appétits. L'équilibre rompu une fois n'avait pu être rétabli. Le monde marchait ou plutôt oscillait dans le sang et les larmes. Le fer et la flamme portaient en tout lieu la désolation et la mort. Le fort tuait le faible ou s'en emparait. L'esclavage et l'oppression s'étaient attachés comme une lèpre aux flancs de l'humanité. L'ordre naturel périclitait.

Moment suprême, et qui devait décider pour une longue suite de siècles du sort de l'homme. Que va faire l'intelligence ? Vaincra-t-elle l'ignorance ? Va-t-elle délivrer les hommes du supplice de s'entre-détruire ? Les sortira-t-elle de ce labyrinthe où beuglent la peine et la faim ? Leur montrera-t-elle la route pavée d'instincts fraternels qui conduit à l'affranchissement, au bonheur général ? Brisera-t-elle les odieuses chaînes de la famille patriarcale ? Fera-t-elle tomber les barrières naissantes de la propriété ? Détruira-t-elle les tables de la loi, la puissance gouvernementale, cette arme à deux tranchants et qui tue ceux qu'elle doit protéger ? Fera-t-elle triompher la révolte toujours menaçante de la tyrannie toujours debout ? Enfin, – colonne lumineuse, principe de vie –, fondera-t-elle l'ordre anarchique dans l'égalité et la liberté ou, –urne funéraire, essence de mort – fondera-t-elle l'ordre arbitraire dans la hiérarchie et l'autorité ? Qui aura le dessus, de la communion fraternelle des intérêts ou de leur division fratricide ? L'humanité va-t-elle donc périr à deux pas de son berceau ?

Hélas ! peu s'en fallut ! Dans son inexpérience, l'humanité prit du poison pour de l'élixir. Elle se tordit alors dans des convulsions atroces. Elle ne mourut pas ; mais les siècles ont passé sur sa tête sans pouvoir éteindre les tourments dont elle est dévorée ; le poison lui brûle toujours les entrailles.

Ce poison, mélange de nicotine et d'arsenic, a pour étiquette un seul mot : Dieu...

Du jour où l'Homme eut avalé Dieu, le souverain maître ; du jour où il eut laissé pénétrer en son cerveau l'idée d'un élysée et d'un tartare, d'un enfer et d'un paradis outre-monde, de ce jour il fut puni par où il avait péché. L'autorité du ciel consacra logiquement l'autorité sur la terre. Le sujet de Dieu devint la créature de l'homme. Il ne fut plus question d'humanité libre, mais de maîtres et d'esclaves. Et c'est en vain que, depuis des mille ans, des légions de Christ moururent martyrisées pour le racheter de sa faute, pour ainsi dire originelle, et le délivrer de Dieu et de ses pompes, de l'autorité de l'Église et de l'État.

Comme le monde physique avait eu son déluge, alors le monde moral eut aussi le sien. La foi religieuse submergea les consciences, porta la dévastation dans les esprits et les cœurs. Tous les brigandages de la force furent légitimés par la ruse. La possession de l'homme par l'homme devint un fait acquis. Désormais la révolte de l'esclave contre le maître fut étouffée par le leurre des récompenses célestes ou des punitions infernales. La femme fut dégradée de ses titres à l'appellation humaine, déchue de son âme, et reléguée à tout jamais au rang des animaux domestiques. La sainte institution de l'autorité couvrit le sol de temples et de forteresses, de soldats et de prêtres, de glaives et de chaînes, d'instruments de guerre et d'instruments de supplice. La propriété, fruit de la conquête, devint sacrée pour les vainqueurs et les vaincus, dans la main insolente de l'envahisseur comme aux yeux clignotants du dépossédé. La famille, étagée en pyramide avec le chef à la tête, enfants, femme et serviteurs à la base, la famille fut cimentée et bénie, et vouée à la perpétuation du mal. Au milieu de ce débordement de croyances divines, la liberté de l'homme sombra, et avec elle l'instinct de revendication du droit contre le fait. Tout ce qu'il y avait de forces révolutionnaires, tout ce qu'il y avait d'énergie vitale dans la lutte du progrès humain, tout cela fut noyé, englouti ; tout disparut dans les flots du cataclysme, dans les abîmes de la superstition.

Le monde moral, comme le monde physique, sortira-t-il un jour du chaos ? La lumière luira-t-elle au sein des ténèbres ? Allons-nous assister à une nouvelle genèse de l'humanité ? Oui, car l'idée, cette autre colombe qui erre à sa surface, l'idée qui n'a pas encore trouvé un coin de terre pour y cueillir une palme, l'idée voit le niveau des préjugés, des erreurs, des ignorances diminuer de jour en jour sous le ciel, – c'est-à-dire sous le crâne, – de l'intelligence humaine. Un nouveau monde sortira de l'arche de l'utopie. Et toi, limon des sociétés du passé, tourbe de l'Autorité, tu serviras à féconder la germinaison et l'éclosion des sociétés de l'Avenir et à illuminer à l'état de gaz le monument de la Liberté.

Ce cataclysme moral pouvait-il être évité ? L'homme était-il libre d'agir et de penser autrement qu'il n'a fait ? Autant vaudrait dire que la Terre était libre d'éviter le déluge. Tout effet a sa cause. Et… mais voici venir une objection que je vois poindre de loin, et que ne manque pas de vous poser en ricanant d'aise tout béat confesseur de Dieu :

— Vous dites, M. Déjacque, que tout effet a une cause. Très bien. Mais alors, vous reconnaissez Dieu, car enfin l'univers ne s'est pas créé tout seul ; c'est un effet, n'est-ce pas ? Et qui voulez-vous qui l'ait créé, si ce n'est Dieu ?… Dieu est donc la cause de l'univers ? Ah ! ah ! vous voyez, je vous tiens, mon pauvre M. Déjacque ; vous ne pouvez pas m'échapper. Pas moyen de sortir delà.

— Imbécile ! Et la cause… de Dieu ?

— La cause de Dieu… la cause de Dieu… Dam ! Vous savez bien que Dieu ne peut pas avoir de cause, puisqu'il est la cause première.

— Mais, espèce de brute, si tu admets qu'il y ait une cause première, alors il n'y en a plus du tout, et il n'y a plus de Dieu, attendu que si Dieu peut être sa propre cause, l'univers aussi peut être la propre cause de l'univers. Cela est simple comme bonjour. Si au contraire tu affirmes avec moi que tout effet a sa cause, et que par conséquent il n'y a pas de cause sans cause, ton Dieu aussi doit en avoir une. Car pour être la cause dont l'univers est l'effet, il faut bien qu'il soit l'effet d'une cause supérieure. Au surplus, veux-tu que je te dise, la cause dont ton Dieu est l'effet n'est pas du tout d'un ordre supérieur ; elle est d'un ordre très inférieur, bien plutôt ; cette cause est tout simplement ton crétinisme. Allons, c'est assez m'interrompre. Silence ! et sache bien ceci dorénavant : c'est que tu n'es pas le fils, mais le père de Dieu.

Je disais donc que tout effet a sa cause. Seulement, cette cause est pour nous visible ou invisible, selon que notre vue ou notre pensée est plus ou moins parfaite, et notre vue ou notre pensée est un instrument d'optique bien grossier, bien incomplet.

Il n'est pas un être qui ne soit le jouet des circonstances, et l'homme comme les autres êtres. Il est dépendant de sa nature et de la nature des objets qui l'environnent ou, pour mieux dire, des êtres qui l'environnent, car tous ces objets ont des voix qui lui parlent et modifient constamment son éducation. Toute la liberté de l'homme consiste à satisfaire à sa nature, à céder à ses attractions. Tout ce qu'il est en droit d'exiger de ses semblables c'est que ses semblables n'attentent pas à sa liberté, c'est-à-dire à l'entier développement de sa nature. Tout ce que ceux-ci sont en droit d'exiger de lui, c'est qu'il n'attente pas à la leur. Dès ses premiers pas, l'homme ayant grandi prodigieusement en force et grandi aussi un peu en intelligence, bien que la proportion ne fût pas la même, et comparant ce qu'il était devenu avec ce qu'il avait été au berceau, l'homme eut alors un éblouissement, le vertige. L'orgueil est inné en lui. Ce sentiment l'a perdu ; il le sauvera aussi. Le bourrelet de la création pesait à la tête de l'enfant humain. Il voulut s'en défaire. Et comme il avait déjà la connaissance de bien des choses, encore qu'il lui restât bien des choses à expérimenter ; comme il ne pouvait expliquer certains faits, et qu'il voulait quand même les expliquer, il ne trouva rien de mieux que de les expulser de l'ordre naturel et de les reléguer dans les sphères surnaturelles. Dans sa vaniteuse ignorance, l'enfant terrible a voulu jouer avec l'inconnu, il a fait un faux pas, et il est tombé la tête la première sur l'angle de l'absurdité. Mutinerie de bambin, blessure du jeune âge dont il portera longtemps la cicatrice !...

L'homme, – quel orgueil à la fois et quelle puérilité ! – l'homme a donc proclamé un Dieu, créateur de toutes choses, un Dieu imbécile et féroce, un Dieu à son image. C'est-à-dire qu'il s'est fait le créateur de Dieu. Il a pondu l'œuf, il l'a couvé et il s'est mis en adoration devant son poussin, – j'allais dire devant son excrément, – car il fallait que l'homme eût de bien violentes coliques de cerveau le jour où il a fait ses nécessités… d'une pareille sottise. Le poussin eut tout naturellement pour poulailler des temples, des églises. Aujourd'hui ce poussin est un vieux coq aux trois quarts déplumé, sans crête et sans ergots, une vieille carcasse tellement rabougrie que c'est à peine si cela mérite qu'on lui torde le cou pour le mettre dans la chaudière. La science lui a enlevé une à une toutes ses terribles attributions. Et les saltimbanques en soutanes, qui le promènent encore sur les champs de foire du monde, n'ont plus guère du Dieu tout puissant que l'image étalée sur les toiles de leur baraque. Et pourtant cette image est encore un loup-garou pour la masse de l'humanité. Ah ! si, au lieu de s'agenouiller devant elle, les fidèles de la divinité osaient la regarder en face, ils verraient bien que ce n'est pas un personnage réel, mais une mauvaise peinture, un peu de fard et de boue, un masque tout gras de sang et de sueurs, masque antique dont se couvrent les intrigants pour en imposer aux niais et les mettre à contribution.

Comme la religion, – la famille, la propriété et le gouvernement ont eu leur cause. Elle est également dans l'ignorance de l'homme. C'est une conséquence de la nature de son intelligence, plus paresseuse à éveiller que la nature de ses facultés physiques.

Chez les bêtes, selon que les petits ont plus ou moins longtemps besoin de soins, l'instinct de la maternité est plus ou moins développé et s'exerce d'une manière plus ou moins différente, selon la condition qui convient à l'espèce. La nature veille à la conservation des races. Parmi les animaux féroces, il n'en est pas qui vivent autrement qu'à l'état solitaire : la louve allaite ses louveteaux et cherche elle-même sa nourriture ; elle ne fait pas société avec le mâle ; sa forte individualité suffit à tout. L'amour maternel double ses forces. Chez l'oiseau, frêle et tendre créature, le rossignol, la fauvette, la mère couve au nid sa progéniture, le mâle va au dehors chercher la becquée. Il y a union entre les deux sexes jusqu'au jour où les fruits vivants de leur amour ont chaud duvet et fortes plumes, et qu'ils sont assez vigoureux pour fendre l'air à coups d'ailes et aller aux champs moissonner leur nourriture. Chez les insectes, la fourmi, l'abeille, races sociables, les enfants sont élevés en commun ; là le mariage individuel n'existe pas, la nation étant une seule et indivisible famille.

Le petit de l'homme, lui, est long à élever. La femelle humaine ne pouvait y suffire à elle seule, lui donner le sein, le bercer et pourvoir encore à ses besoins personnels. Il fallait que l'homme se rapprochât d'elle, comme l'oiseau de sa couvée, qu'il l'aidât dans les soins du ménage et rapportât à la hutte le boire et le manger

L'homme fut souvent moins constant et plus brutal que l'oiseau, et la maternité fut toujours un fardeau plus lourd que la paternité.

Ce fut là le berceau de la famille.

A l'époque où la terre n'était qu'une immense forêt vierge, l'horizon de l'homme était des plus bornés. Celui-ci vivait comme le lièvre dans les limites de son gîte. Sa contrée ne s'étendait pas à plus d'une journée ou deux de marche. Le manque de communications rendait l'homme presque étranger à l'homme. N'étant pas cultivée par la société de ses semblables, son intelligence restait en friche. Partout où il put y avoir agglomération d'hommes les progrès de l'intelligence acquirent plus de force et plus d'étendue. L'homme émule de l'homme rassembla les animaux serviles, en fit un troupeau, les parqua. Il creusa le champ, ensemença le sillon et y vit mûrir la moisson. Mais bientôt du fond des forêts incultes apparurent les hommes fauves que la faim faisait sortir du bois. L'isolement les avait maintenus à l'état de brutes ; le jeûne, sous le fouet duquel ils s'étaient rassemblés, les rendait féroces. Comme une bande de loups furieux, ils passèrent au milieu de ce champ, massacrant les hommes, violant et égorgeant les femmes, détruisant la récolte et chassant devant eux le troupeau. Plus loin, ils s'emparèrent du champ, s'établirent dans l'habitation, et laissèrent la vie sauve à la moitié de leurs victimes dont ils firent un troupeau d'esclaves. L'homme fut attelé à la charrue ; la femme eut sa place avec les poules ou à la porcherie, destinée aux soins de la marmite ou à l'obscène appétit du maître.

Ce vol à main armée par des violateurs et des meurtriers, ce vol fut le noyau de la propriété.

Au bruit de ces brigandages, les producteurs qui n'étaient pas encore conquis se massèrent dans la cité, afin de se mieux protéger contre les envahisseurs. A l'exemple des conquérants dont ils redoutaient l'approche, ils nommèrent un chef ou des chefs chargés d'organiser la force publique et de veiller à la sûreté des citoyens. De même que les hordes dévastatrices avaient établi des conventions qui réglaient la part de butin de chacun ; de même aussi, ils établirent un système légal pour régler leurs différends et garantir à chacun la possession de l'instrument de travail Mais bientôt les chefs abusèrent de leur pouvoir. Les travailleurs de la cité n'eurent plus seulement à se défendre contre les excès du dehors, mais aussi et encore contre les excès du dedans. Sans s'en douter, ils avaient introduit et installé l'ennemi au cœur de la place. Le pillage et l'assassinat avaient fait brèche et trônaient au milieu du forum, appuyés sur les faisceaux autoritaires La république portait en ses entrailles son ver rongeur. Le gouvernement venait d'y prendre naissance.

Assurément, il eût été préférable que la famille, la propriété, le gouvernement et la religion ne fissent pas invasion dans le domaine des faits. Mais, à cette heure d'ignorance individuelle et d'imprévoyance collective pouvait-il en être autrement ? L'enfance pouvait-elle n'être pas l'enfance ? La science sociale, comme les autres sciences, est le fruit de l'expérience. L'homme pouvait-il espérer que la nature bouleversât pour lui l'ordre des saisons, et qu'elle lui accordât la vendange avant la floraison de la vigne, et la liqueur de l'harmonie avant l'élaboration des idées ?

A cette époque d'enfantement sauvage où la Terre portait encore sur la peau les stigmates d'un accouchement pénible ; quand, roulant dans ses draps souillés de fange, elle frissonnait encore au souvenir de ses douleurs, et qu'à ses heures de fièvre, elle se tordait le sein, se le déchirait, et faisait jaillir du cratère de ses mamelles des flots de soufre et de feu ; que, dans ses terribles convulsions, elle broyait, en riant d'un rire farouche, ses membres entre les rochers ; à cette époque toute peuplée d'épouvantements et de désastres, de rages et de difformités, l'homme, assailli par les éléments, était en proie à toutes les peurs. De toutes parts le danger l'environnait, le harcelait. Son esprit comme son corps était en péril ; mais avant tout il fallait s'occuper du corps, sauver le globe charnel, l'étoile, pour en conserver le rayonnement, l'esprit. Or, je le répète, son intelligence n'était pas au niveau de ses facultés physiques ; la force musculaire avait le pas sur la force intellectuelle. Celle-ci, plus lente à émouvoir que l'autre, s'était laissée devancer par elle, et marchait à sa remorque. Un jour viendra où ce sera l'inverse, et où la force intellectuelle dépassera en vitesse la force physique ; ce sera le char devenu locomotive qui remorquera le bœuf. Tout ce qui est destiné à acquérir de hautes cimes commence d'abord par étendre souterrainement ses racines avant de croître à la lumière et d'y épanouir son feuillage. Le chêne pousse moins vite que l'herbe ; le gland est plus petit que la citrouille ; et cependant le gland renferme un colosse. Chose remarquable, les enfants prodiges, les petites merveilles du jeune âge, à l'âge de maturité sont rarement des génies. Dans les champs d'hommes comme dans les sociétés de blés, ce sont les semences qui dorment le plus longtemps sous la terre qui souvent produisent les plus belles tiges, les plus riches épis. La sève avant de monter a besoin de se recueillir.

Tout ce qui arriva par la suite ne fut que la conséquence de ces trois faits, la famille, la propriété, le gouvernement, réunis en un seul, qui les a sacrés et consacrés tous trois, – la religion. Je passerai donc rapidement sur ce qui reste à parcourir du passé comme sur ce qui est dans les zones du présent afin d'arriver plus vite au but, la société de l'avenir, le monde de l'anarchie. Dans cette esquisse rétrospective de l'humanité comme dans l'ébauche de la société future, mon intention n'est pas de faire l'histoire même abrégée de la marche du progrès humain. J'indique plutôt que je ne raconte. C'est au lecteur à suppléer par la mémoire ou par l'intuition à ce que j'omets ou omettrai de mentionner.

Liberté, égalité : fraternité ! – ou la mort ! (Sentence révolutionnaire.)

Œil pour œil et dent pour dent. (Moïse.)

Le monde marchait. De piéton il s'était fait cavalier, de routier navigateur. Le commerce, cette conquête, et la conquête, cet autre commerce, galop[p]aient sur le gravier des grands chemins et voguaient sur le flot des plaines marines. Le poitrail des chameaux et la proue des navires faisaient leur trouée à travers les déserts et les méditerranées. Chevaux et éléphants, bœufs et chariots, voiles et galères manœuvraient sous la main de l'homme et traçaient leur sillon sur la terre et sur l'onde. L'idée pénétrait avec le glaive dans la chair des populations, elle circulait dans leurs veines avec les denrées de tous les climats, elle se mirait dans leur vue avec les marchandises de tous les pays. L'horizon s'était élargi. L'homme avait marché, d'abord de la famille à la tribu, puis de la tribu à la cité, et enfin de la cité à la nation. L'Asie, l'Afrique, l'Europe ne formaient plus qu'un continent ; les armées et les caravanes avaient rapproché les distances. L'Inde, l'Égypte, la Grèce, Carthage et Rome avaient débordé l'une sur l'autre, roulant dans leur courant le sang et l'or, le fer et le feu, la vie et la mort ; et, comme les eaux du Nil, elles avaient apporté avec la dévastation un engrais de fertilisation pour les arts et les sciences, l'industrie et l'agriculture. Le flot des ravageurs une fois écoulé ou absorbé par les peuples conquis, le progrès s'empressait de relever la tête et de fournir une plus belle et plus ample récolte. L'Inde d'abord, puis l'Égypte, puis la Grèce, puis Rome avaient brillé chacune à leur tour sur les ondulations d'hommes et avaient mûri quelque peu leur front. L'architecture, la statuaire, les lettres formaient déjà une magnifique gerbe. Dans son essor révolutionnaire, la philosophie, comme un fluide électrique, errait encore dans les nuages, mais elle grondait sourdement et lançait parfois des éclairs en attendant qu'elle se dégage de ses entraves et produisît la foudre. Rome toute-puissante avait un pied dans la Perse et l'autre dans l'Armorique. Comme le divin Phoebus conduisant le char du soleil, elle tenait en main les rênes des lumières et rayonnait sur le monde. Mais dans sa course triomphale, elle avait dépassé son zénith et entrait dans sa phase de décadence. Sa dictature proconsulaire touchait à son déclin. Elle avait bien, au loin, triomphé des Gaulois et des Carthaginois ; elle avait bien anéanti, dans le sang et presque à ses portes, une formidable insurrection d'esclaves ; cent mille Spartacus avaient péri les armes à la main, mordus au cœur par le glaive des légions civiques ; les maillons brisés avaient été ressoudés et la chaîne rendue plus pesante à l'idée. Mais la louve avait eu peur. Et cette lutte où il lui avait fallu dépenser la meilleure partie de ses forces, cette lutte à mort l'avait épuisée. – Oh ! en me rappelant ces grandes journées de Juin des temps antiques, cette immense barricade élevée par les gladiateurs en face des privilégiés de la République et des armées du Capitole ; oh ! je ne puis m'empêcher de songer dans ces temps modernes à cette autre levée de boucliers des prolétaires, et de saluer à travers les siècles, – moi, le vaincu des bords de la Seine, – le vaincu des bords du Tibre ! Le bruit que font de pareilles rébellions ne se perd pas dans la nuit des temps, il se répercute de fibre en fibre, de muscle en muscle, de génération en génération, et il aura de l'écho sur la terre tant que la société sera une caverne d'exploiteurs !…

Les dieux du Capitole se faisaient vieux, l'Olympe croulait, miné par une hérésie nouvelle. L'Evangile païen était devenu illisible. Le progrès des temps en avait corrodé la lettre et l'esprit. Le progrès édita la fable chrétienne. L'Empire avait succédé à la République, les césars et les empereurs aux tribuns et aux consuls. Rome était toujours Rome. Mais les prétoriens en débauche, les encanteurs d'empire avaient remplacé les embaucheurs de peuple, les sanglants pionniers de l'unité universelle. Les aigles romaines ne se déployaient plus au souffle des fortes brises, leurs yeux fatigués ne pouvaient plus contempler les grandes lumières. Les ternes flambeaux de l'orgie convenaient seuls à leur prunelle vieillie ; les hauts faits du cirque et de l'hippodrome suffisaient à leur belliqueuse caducité. Comme Jupiter, l'aigle se faisait vieux. Le temps de la décomposition morale était arrivé. Rome n'était plus guère que l'ombre de Rome. L'égo[û]t était son Achéron, et elle voguait, ivre d'abjection et entraînée par le nautonnier de la décadence, vers le séjour des morts.

En ce temps-là, comme la vie se manifeste au sein des cadavres, comme la végétation surgit de la putréfaction ; en ce temps-là, le christianisme grouillait dans les catacombes, germait sous la terre, et poussait comme l'herbe à travers les pores de la société. Plus on le fauchait et plus il acquérait de force.

Le christianisme, œuvre des saint-simoniens de l'époque, est d'un révolutionnarisme plus superficiel que profond. Les formalistes se suivent et… se ressemblent. C'est toujours de la théocratie universelle, Dieu et le pape ; la sempiternelle autorité et céleste et terrestre, le père enfanteur et le père Enfantin, comme aussi le père Cabet et le père Tout-Puissant, l'Etre-Suprême et le saint-père Robespierre ; la hiérarchie à tous les degrés, le commandement et la soumission à tous les instants, le berger et l'agneau, la victime et le sacrificateur. C'est toujours le pasteur, les chiens et le troupeau, Dieu, les prêtres et la foule. Tant qu'il sera question de divinité, la divinité aura toujours comme conséquence dans l'humanité, – au faîte, – le pontife ou le roi, l'homme-Dieu ; l'autel, le trône ou le fauteuil autoritaire ; la tiare, la couronne ou la toge présidentielle :

Mouvement de l'Humanité

la personnification sur la terre du souverain maître des cieux. – A la base, – l'esclavage ou le servage, l'ilotisme ou le prolétariat ; le jeûne du corps et de l'intelligence ; les haillons de la mansarde ou les haillons du bagne ; le travail et la toison des brutes, le travail écrémé, la toison tondue et la chair elle-même dévorée par les riches. – Et entre ces deux termes, entre la base et le faîte, – le clergé, l'armée, la bourgeoisie ; l'église, la caserne, la boutique ; le vol, le meurtre, la ruse ; l'homme, valet envers ses supérieurs, et le valet arrogant envers ses inférieurs, rampant comme rampe le reptile, et, à l'occasion, se guindant et sifflant comme lui.

Le christianisme fut tout cela. Il y avait dans l'utopie évangélique beaucoup plus d'ivraie que de froment, et le froment a été étouffé par l'ivraie. Le christianisme, en réalité, a été une conservation bien plus qu'une révolution. Mais, à son apparition, il y avait en lui de la sève subversive du vieil ordre social. C'est lui qui releva la femme de son infériorité et la proclama l'égale de l'homme ; lui qui brisa les fers dans la pensée de l'esclave et lui ouvrit les portes d'un monde où les damnés de celui-ci seraient les élus de celui-là. Il y avait bien eu déjà quelque part des révoltes d'Amazones, comme il y avait eu des révoltes d'ilotes. Mais il n'est pas dans la destinée de l'homme et de la femme de marcher divisés et à l'exclusion l'un de l'autre. Le Christ ou plutôt la multitude de Christs que ce nom personnifie, leur mit la main dans la main, en fit des frères et des sœurs, leur donna pour glaive la parole, pour place à conquérir l'immortalité future. Puis, du haut de sa croix, il leur montra le cirque : et toutes ces libres recrues, ces volontaires de la révolution religieuse s'élancèrent, – cœurs battant et courage en tète, à la gueule des lions, au feu des bûchers. L'homme et la femme mêlèrent leur sang sur l'arène et reçurent côte à côte le baptême du martyre. La femme ne fut pas la moins héroïque. C'est son héroïsme qui décida de la victoire. Ces jeunes filles liées à un poteau et livrées à la morsure de la flamme ou dévorées vives par les bêtes féroces ; ces gladiateurs sans défense et qui mouraient de si bonne grâce et avec tant de grâce ; ces femmes, ces chrétiennes portant au front l'auréole de l'enthousiasme, toutes ces hécatombes, devenues des apothéoses, finirent par impressionner les spectateurs et par les émouvoir en faveur des victimes. Ils épousèrent leurs croyances. Les martyrs d'ailleurs renaissaient de leurs cendres. Le cirque, qui en avait tant immolé, en immolait toujours, et toujours des armées d'assaillants venaient lui tendre la gorge et y mourir. A la fin, cependant, le cirque s'avoua vaincu, et les enseignes victorieuses de la chrétienté furent arborées sur les murs du champ de carnage. Le christianisme allait devenir le catholicisme. Le bon grain épuisé allait livrer carrière entière au mauvais.

La grandeur de Rome n'existait plus que de nom. L'empire se débattait comme un naufragée au milieu d'un océan de barbares. Cette marée montante envahissait les possessions romaines et battait en brèche les murs de la cité impériale. Rome succomba à la fureur des lames. La civilisation païenne avait eu son aurore, son apogée, son couchant ; maintenant elle nouait la sanglante lueur de ses derniers rayons dans les ténébreuses immensités. A la suite de cette tourmente, tout ce qu'il y avait d'écume au cœur de la société s'agita à sa surface et trôna sur la crête de ces intelligences barbaresques. Les successeurs des apôtres polluèrent dans les honneurs la virginité du christianisme. L'immaculée conception fraternelle avorta sur son lit de triomphe. Les docteurs chargés de l'accouchement avaient introduit dans l'organe maternel un dissolvant homicide, et la drogue avait produit son effet. Au jour de la délivrance, le foetus ne donnait plus signe de vie. Alors, à la place de l'avorton fraternité, ils mirent le petit de leurs entrailles, monstre moitié autorité moitié servilité. Les barbares étaient trop grossiers pour s'apercevoir de la supercherie, aussi adorèrent-ils l'usurpation de l'Église comme chose légitime. Propager le nouveau culte, promener la croix et la bannière fut la mission de la barbarie. Seulement, dans ces mains habituées à manier le glaive, l'on renversa l'image du crucifié. Ils étranglèrent le crucifix par la tête qu'ils prirent pour la poignée, et lui mirent la pointe en l'air comme une lame hors du fourreau.

Cependant, ces grands déplacements d'hommes ne s'étaient pas opérés sans déplacer sur leur passage quelques barrières. Des propriétés et des nationalités furent modifiées. L'esclavage devint le servage. Le patriarcat avait eu ses jours de splendeur, c'était maintenant au tour de la prélature et de la baronnie. La féodalité militaire et religieuse couvrit le sol de donjons et de clochers. Le baron et l'évêque étaient les puissants d'alors. La fédération de ces demi-dieux forma l'empire dont les rois et les papes furent les maîtres-dieux, les seigneurs suzerains. – Le Moyen Age, disque nocturne, montait à l'horizon. Les abeilles de la science n'avaient plus où déposer leur miel, si ce n'est dans quelque cellule de monastère ; et encore la très sainte inquisition catholique y pénétrait-elle les tenailles et le fer rouge à la main pour y détruire le précieux dépôt et y torturer le philosophique essaim. Ce n'étaient déjà plus les ombres du crépuscule mais les funèbres voiles de la nuit qui planaient sur les manuscrits de l'antiquité. Les ténèbres étaient tellement épaisses qu'il semblait que l'humanité n'en dût jamais sortir. Dix-huit fois le glas des siècles tinta à l'horloge du temps avant que la Diane chasseresse décochât comme une flèche les premiers rayons de l'aube au cœur de cette longue nuit. Une seule fois pendant ces dix-huit siècles de barbarie ou de civilisation, – comme on voudra les appeler, – une seule fois, le géant Humanité remua sous ses chaînes. Il aurait encore supporté la dîme et la taille, la corvée et la faim, le fouet et la potence, mais le viol de sa chair, l'odieux droit seigneurial pesait trop lourdement sur son cœur. Le titan serra convulsivement ses poings, grinça des dents, ouvrit la bouche, et une éruption de torches et de fourches, de pierres et de faulx ruissela sur les terres des seigneurs ; et des châteaux-forts s'écroulèrent et des châtelains bardés de crimes furent triturés sous les décombres. L'incendie que d'infimes vassaux avaient allumé, et qui illumina un instant la sombre période féodale, s'éteignit dans leur propre sang. La jacquerie, comme le christianisme, eut ses martyrs. La guerre des paysans de France, comme celle des ilotes de Rome, aboutit à la défaite. Les jacques, ces fils légitimes des Christs et des Spartacus, eurent le sort de leurs ancêtres. Il n'y eut bientôt plus de cette rébellion qu'un peu de cendre. L'affranchissement des communes fut tout ce qu'il en résulta. Seuls, les notables d'entre les manants en profitèrent. Mais l'étincelle couvait sous la cendre et devait produire plus tard un embrasement général : 89 et 93 vont flamboyer sur le monde.

On connaît trop cette époque pour qu'il soit nécessaire de la passer en revue. Je dirai seulement une chose : ce qui a perdu la Révolution de 93, c'est d'abord comme toujours l'ignorance des masses, et puis ensuite ce sont les montagnards, gens plus turbulents que révolutionnaires, plus agités qu'agitateurs. Ce qui a perdu la Révolution, c'est la dictature, c'est le comité de salut public, royauté en douze personnes superposée sur un vaste corps de citoyens-sujets, qui dès lors s'habituèrent à n'être plus que les membres esclaves du cerveau, à n'avoir plus d'autre volonté que la volonté de la tête qui les dominait ; si bien que, le jour où cette tête fut décapitée, il n'y eut plus de républicains. Morte la tête, mort le corps. Le claqueur multitude battit des mains à la représentation thermidorienne, comme il avait battu des mains devant les tréteaux des décemvirs et comme il battit des mains au spectacle du 18 brumaire. On avait voulu dictaturer les masses, on avait travaillé à leur abrutissement en écartant d'elles toute initiative, en leur faisant abdiquer toute souveraineté individuelle. On les avait asservies au nom de la République et au joug des conducteurs de la chose publique ; l'Empire n'eut qu'à atteler ce bétail à son char pour s'en faire acclamer. Tandis que si, au contraire, on avait laissé à chacun le soin de se représenter lui-même, d'être son propre mandataire ; si ce comité de salut public se fût composé des trente millions d'habitants qui peuplaient le territoire de la République, c'est-à-dire de tout ce qui dans ce nombre, hommes ou femmes, était en âge de penser et d'agir ; si la nécessité alors eût forcé chacun de chercher, dans son initiative ou dans l'initiative de ses proches, les mesures propres à sauvegarder son indépendance ; si l'on avait réfléchi plus mûrement et qu'on eût vu que le corps social comme le corps humain n'est pas l'esclave inerte de la pensée, mais bien plutôt une sorte d'alambic animé dont la libre fonction des organes produit la pensée ; que la pensée n'est que la quintessence de cette anarchie d'évolution dont l'unité est causée par les seules forces attractives ; enfin, si la bourgeoisie montagnarde avait eu des instincts moins monarchiques ; si elle avait voulu ne compter que comme une goutte avec les autres dans les artères du torrent révolutionnaire, au lieu de se poser comme une perle cristallisée sur son flot, comme un joyau autoritaire enchâssé dans son écume ; si elle avait voulu révolutionner le sein des masses au lieu de trôner sur elles et de prétendre à les gouverner : sans doute les armées françaises n'eussent pas éventré les nations à coup de canon, planté le drapeau tricolore sur toutes les capitales européennes, et souffleté du titre infamant et prétendu honorifique de citoyen français tous les peuples conquis ; non sans doute. Mais le génie de la liberté eût fait partout des hommes au dedans comme

au dehors ; mais chaque homme fût devenu une citadelle impre-
nable, chaque intelligence un inépuisable arsenal, chaque bras une
armée invincible pour combattre le despotisme et le détruire sous
toutes ses formes ; mais la Révolution, cette amazone à la prunelle
fascinatrice, cette conquérante de l'homme à l'humanité, eût en-
tonné quelque grande Marseillaise sociale, et déployé sur le monde
son écharpe écarlate, l'arc-en-ciel de l'harmonie, la rayonnante
pourpre de l'unité !...

L'Empire, restauration des Césars, conduisit à la restauration de
la vieille monarchie, qui fut un progrès sur l'Empire : et la restauration de la vieille monarchie conduisit à 1830, qui fut un progrès
sur 1815. Mais quel progrès ! un progrès dans les idées bien plus
que dans les faits.

Depuis les âges antiques, les sciences avaient constamment fait
du chemin. La Terre n'est plus une surface pleine et immobile,
comme on le croyait jadis du temps d'un Dieu créateur, monstre
anté ou ulté-diluvien. Non : la terre est un globe toujours en mouvement. Le ciel n'est plus un plafond, le plancher d'un paradis ou
d'un olympe, une sorte de voûte peinte en bleu et ornée de culs-de-
lampe en or ; c'est un océan de fluide dont ni l'œil ni la pensée ne
peuvent sonder la profondeur. Les étoiles comme les soleils roulent
dans cette onde d'azur, et sont des mondes gravitant, comme le
nôtre, dans leurs vastes orbites, et avec une prunelle animée sous
leurs cils lumineux. Cette définition du Circulus : « La vie est un
cercle dans lequel on ne peut trouver ni commencement ni fin,
car, dans un cercle, tous les points de la circonférence sont commencement ou fin ; « cette définition, en prenant des proportions
plus universelles, va recevoir une application plus rapprochée de
la vérité, et devenir ainsi plus compréhensible au vulgaire. Tous
ces globes circulant librement dans l'éther, attirés tendrement par
ceux-ci, repoussés doucement par ceux-là, n'obéissant tous qu'à
leur passion, et trouvant dans leur passion la loi de leur mobile et
perpétuelle harmonie ; tous ces globes tournant d'abord sur eux-
mêmes, puis se groupant avec d'autres globes, et formant ce qu'on
appelle, je crois, un système planétaire, c'est-à-dire une colossale
circonférence de globes voyageant de concert avec de plus gigantesques systèmes planétaires et de circonférence en circonférence,
s'agrandissant toujours, et trouvant toujours des mondes nouveaux

pour grossir leur volume et des espaces toujours illimités pour y exécuter leurs progressives évolutions ; enfin, tous ces globes de globes et leur mouvement continu ne peuvent donner qu'une idée sphérique de l'infini, et démontrer par une argumentation sans réplique, – argumentation que l'on peut toucher de l'œil et de la pensée, – que l'ordre anarchique est l'ordre universel. Car une sphère qui tourne toujours, et sur tous les sens, une sphère qui n'a ni commencement ni fin, ne peut avoir ni haut ni bas, et par conséquent ni dieu au faîte ni diable à la base. Le Circulus dans l'universalité détrône l'autorité divine et prouve sa négation en prouvant le mouvement, comme le circulus dans l'humanité détrône l'autorité gouvernementale de l'homme sur l'homme et en prouve l'absurde en prouvant le mouvement. De même que les globes circulent anarchiquement dans l'universalité, de même les hommes doivent circuler anarchiquement dans l'humanité, sous la seule impulsion des sympathies et des antipathies, des attractions et des répulsions réciproques. L'harmonie ne peut exister que par l'anarchie. Là est toute la solution du problème social. Vouloir le résoudre autrement, c'est vouloir donner à Galilée un éternel démenti, c'est dire que la terre n'est pas une sphère, et que cette sphère ne tourne pas. Et cependant elle tourne, répéterai-je avec ce pauvre vieillard que l'on condamna à se parjurer, et qui accepta l'humiliation de la vie en vue, sans doute, de sauver son idée. A ce grand autoricide je pardonne son apparente lâcheté en faveur de sa science : il n'y a pas que les Jésuites qui sont d'avis que le but justifie les moyens. L'idée du Circulus dans l'universalité est à mes yeux un sujet d'une trop grande portée pour n'y consacrer que ces quelques lignes ; j'y reviendrai. En attendant de plus complets développements, j'appelle sur ce passage les méditations des révolutionnaires.

Donc, de découverte en découverte, les sciences marchaient. De nouveaux continents, les deux Amériques, l'Australie, s'étaient groupés autour des anciens. Un des proclamateurs de l'Indépendance américaine, Franklin, arrache la foudre des mains de Jéhovah, et la science en fait une force domestique qui voyage sur un fil de fer avec la rapidité de l'éclair et vous rapporte la réponse au mot qu'on lui jette, avec la docilité d'un chien. Fulton apprivoise la vapeur, ce locomoteur amphibie, que Salomon de Caus avait saisi à la gorge. Il la musèle et lui donne pour carapace la carène d'un

34

navire, et il se sert de ses musculaires nageoires pour remplacer la capricieuse envergure des voiles. Et la force de l'hydre est si grande qu'elle se rit des vents et des flots, et elle est si bien domptée qu'elle obéit avec une incroyable souplesse à la moindre pression du timonier.

A terre, sur les chemins bordés de rails, le monstre au corps de fer à la voix rauque, aux poumons de flamme, laisse bien loin derrière lui la patache, le coucou et la diligence. Au signal de celui qui le monte, à un léger coup d'étrier, il part, entraînant à sa remorque toute une avenue de maisons roulantes, la population de tout un quartier de ville, et cela avec une vitesse qui prime le vol de l'oiseau. Dans les usines, esclave aux mille rouages, il travaille avec une merveilleuse adresse aux travaux les plus délicats comme aux travaux les plus grossiers. La typographie, cette magnifique invention au moyen de laquelle on sculpte la parole et on la reproduit à des milliers d'exemplaires, la typographie lui doit un nouvel essor. C'est lui qui tisse les étoffes, les teint, les moire, les broche, lui qui scie le bois, lime le fer, polit l'acier ; lui enfin qui confectionne une foule d'instruments de travail et d'objets de consommation. Aux champs, il défriche, il laboure, il sème, il herse et il moissonne ; il broie l'épi sous la meule ; le blé moulu, il le porte en ville, il le pétrit et il en fait du pain : c'est un travailleur encyclopédique. Sans doute, dans la société telle qu'elle est organisée, la machine à vapeur déplace bien des existences et fait concurrence à bien des bras. Mais qu'est-ce qu'un mal partiel et passager en comparaison des résultats généraux et définitifs ? C'est elle qui déblaie les routes de l'avenir. En Barbarie comme en Civilisation, ce qui de nos jours est synonyme, le progrès ne peut se frayer le chemin qu'en passant sur des cadavres. L'ère du progrès pacifique ne s'ouvrira que sur les ossements du monde civilisé, quand le monopole aura rendu le dernier soupir et que les produits du travail seront du domaine public.

L'astronomie, la physique, la chimie, toutes les sciences pour mieux dire avaient progressé. Seule, la science sociale était restée stationnaire. Depuis Socrate qui but la ciguë, et Jésus qui fut crucifié, aucune grande lumière n'avait lui. Quand, dans les régions les plus immondes de la société, dans quelque chose de bien autrement abject qu'une étable, dans une boutique, naquit un grand

Joseph Déjacque

réformateur. Fourier venait de découvrir un nouveau monde où toutes les individualités ont une valeur nécessaire à l'harmonie collective. Les passions sont les instruments de ce vivant concert qui a pour archet la fibre des attractions. Il n'était guère possible que Fourier rejetât entièrement le froc ; il conserva, malgré lui, de son éducation commerciale, la tradition bourgeoise, des préjugés d'autorité et de servitude qui le firent dévier de la liberté et de l'égalité absolues, de l'anarchie. Néanmoins, devant ce bourgeois je me découvre, et je salue en lui un novateur, un révolutionnaire. Autant les autres bourgeois sont des nains, autant celui-là est un géant. Son nom restera inscrit dans la mémoire de l'humanité. 1848 arriva, et l'Europe révolutionnaire prit feu comme une traînée de poudre. Juin, cette jacquerie du xixe siècle, protesta contre les modernes abus du nouveau seigneur. Le viol du droit au travail et du droit à l'amour, l'exploitation de l'homme et de la femme par l'or souleva le prolétariat et lui mit les armes à la main. La féodalité du capital trembla sur ses bases. Les hauts barons de l'usure et les baronnets du petit commerce se crénelèrent dans leurs comptoirs, et du haut de leur plate-forme lancèrent sur l'insurrection d'énormes blocs d'armées, des flots bouillants de gardes mobiles. A force de tactique jésuitique ils parvinrent à écraser la révolte. Plus de trente mille rebelles, hommes, femmes et enfants, furent jetés aux oubliettes des pontons et des casemates. D'innombrables prisonniers furent fusillés, au mépris d'une affiche placardée à tous les angles des rues, affiche qui invitait les insurgés à déposer les armes et leur déclarait qu'il n'y aurait ni vainqueurs ni vaincus, mais des frères, – frères ennemis, voulait-on dire ! Les rues furent jonchées d'éclats de cervelles. Les prolétaires désarmés furent entassés dans les caveaux des Tuileries, de l'Hôtel de Ville, de l'École Militaire, dans les écuries des casernes, dans les carrières d'Ivry, dans les fossés du Champ-de-Mars, dans tous les égouts de la capitale du monde civilisé, et là massacrés avec tous les raffinements de la cruauté ! Les coups de feu pleuvaient par tous les soupiraux, le plomb tombait en guise de pain dans ces cloaques où, parmi les râles des mourants, les éclats de rire de la folie, – l'on clapotait dans l'urine et dans le sang jusqu'à mi-jambe, asphyxié par le manque d'air et torturé par la soif et la faim. Les faubourgs furent traités comme, au Moyen Age, une place prise d'assaut. Les archers de la civilisation

montèrent dans les maisons, descendirent dans les caves, fouillè-
rent tous les coins et recoins, passant au fil de la baïonnette tout ce
qui leur paraissait suspect. Entre les barricades démantelées et à
la place de chaque pavé on aurait pu mettre une tête de cadavre…
Jamais, depuis que le monde est monde, on n'avait vu pareille tue-
rie. Et non seulement les gardes nationaux de la ville et de la pro-
vince, les industriels et les boutiquiers, les bourgeois et leurs sa-
tellites commirent après le combat mille et une atrocités ; mais les
femmes même, les femmes de magasin et de salon, se montrèrent
encore plus acharnées que leurs maris à la sanglante curée. C'est
elles qui, du haut des balcons, agitaient des écharpes ; elles qui je-
taient des fleurs, des rubans, des baisers aux troupes conduisant les
convois de prisonniers ; elles qui insultaient aux vaincus ; elles qui
demandaient à grands cris et avec d'épouvantables paroles qu'on
fusillât devant leur porte et qu'on accrochât à leurs volets ces lions
enchaînés dont le rugissement les avait fait pâlir au milieu de leur
agio ou de leur orgie ; elles qui, au passage de ces gigantesques
suppliciés, leur crachaient au visage ces mots, qui pour beaucoup
étaient une sentence : A mort ! à la voirie !… Ah ! ces femmes-là
n'étaient pas des femmes, mais des femelles de bourgeois !

On crut avoir anéanti le Socialisme dans le sang. On venait, au
contraire, de lui donner le baptême de vie ! Ecrasé sur la place
publique, il se réfugia dans les clubs, dans les ateliers, comme le
christianisme dans les catacombes, recrutant partout des prosé-
lytes. Loin d'en détruire la sentence, la persécution l'avait fait ger-
mer. Aujourd'hui, comme le grain de blé sous la neige, le germe
est enfoui sous l'argent vainqueur du travail. Mais que le temps
marche, que le dégel arrive, que la liquidation fasse fondre à un soleil de printemps toute cette froide exhibition du lucre, cette nappe
métallique amoncelée par couches épaisses sur la poitrine du prolétariat ; que la saison révolutionnaire se dégage des Poissons de
Février et entre dans le signe du Bélier, et l'on verra le Socialisme
relever la tête et poursuivre son élan zodiacal jusqu'à ce qu'il ait atteint la figure du Lion, – jusqu'à ce que le grain ait produit son épi.

Comme 89 avait eu son ange rebelle : Mirabeau, lançant du sein
du Jeu de Paume, cette sanglante apostrophe au front de l'aristocratie : «Allez dire à votre maître que nous sommes ici par la volonté du peuple, et que nous n'en sortirons que par la force des

baïonnettes ! «, 48 eut aussi son Proudhon, un autre esprit rebelle, qui dans un livre, avait craché cette mortelle conclusion à la face de la bourgeoisie : «La Propriété, c'est le vol ! « Sans 48, cette vérité eût dormi longtemps ignorée au fond de quelque bibliothèque de privilégié. 48 la mit en lumière, et lui donna pour cadre la publicité de la presse quotidienne, la multiplicité des clubs en plein vent : elle se grava dans la pensée de chaque travailleur. Le grand mérite de Proudhon ce n'est pas d'avoir été toujours logique, tant s'en faut, mais d'avoir provoqué les autres à chercher la logique. Car l'homme qui a dit aussi : «Dieu, c'est le mal, – l'Esclavage, c'est l'assassinat, la Charité, c'est une mystification», – et ainsi et encore ; l'homme qui a revendiqué avec tant de force la liberté de l'homme ; ce même homme, hélas ! a aussi attaqué la liberté de la femme : il a mis celle-ci au ban de la société, il l'a décrétée hors l'humanité. Proudhon n'est encore qu'une fraction de génie révolutionnaire ; la moitié de son être est paralysé, et c'est malheureusement le côté du cœur. Proudhon a des tendances anarchiques, mais ce n'est pas un anarchiste ; il n'est pas humanité, il est masculinité. Mais, – comme réformateur, s'il est des taches à ce diamant, – comme agitateur, il a d'éblouissantes étincelles. Certes, c'est quelque chose. Et le Mirabeau du Prolétariat n'a rien à envier au Mirabeau de la Bourgeoisie ; il le dépasse de toute la hauteur de son intelligence novatrice. L'un n'eut qu'un seul élan de rébellion, il fut un éclair, une lueur qui s'éteignit rapidement dans les ténèbres de la corruption. L'autre fit retentir coups de tonnerres sur coups de tonnerres. Il n'a pas seulement menacé, il a foudroyé le vieil ordre social. Jamais homme ne pulvérisa sur son passage tant de séculaires abus, tant de superstitions prétendues légitimes.

89 fut le 48 de la Bourgeoisie insurgée contre la noblesse ; 48, le 89 du Prolétariat insurgé contre la Bourgeoisie. A bientôt le 93 !

Et maintenant, passez autorités provisoires : république blanche, comme jadis l'appelait de ses vœux un illustre poète qui craignait alors qu'on ne fondît la colonne Vendôme pour en faire des pièces de deux sous. Passez, république bleue et république rose, république dite honnête et modérée, comme il est des hommes dits de dévouement, sans doute parce que ces hommes et cette république ne sont ni l'un ni l'autre. Passez aussi, pachaïsme de Cavaignac l'Africain, hideux Othello, jaloux de la forme, et qui poignarda la République au cœur parce qu'elle avait des velléités sociales. Passez, présidence napoléonienne, empereur et empire, pontificat du vol et du meurtre, catholicité des intérêts mercantiles, jésuitiques et soldatesques. Passez, passez, dernières lueurs de la lampe Civilisation et, avant de vous éteindre, faites mouvoir sur les vitres du temple de Plutus les ombres bourgeoises de ce grand séraphin. Passez, passez, clartés mourantes, et illuminez en fuyant la ronde de nuit des courtisans du régime actuel, fantômes groupés autour du spectre de Sainte-Hélène, toute cette fantasmagorie de revenants titrés, mitrés, galonnés, argentés, cuivrés, verdegrisés, cette bohème de cour, de sacristie, de boutique et d'arrière-boutique, sophistique sorcellerie du Sabbat impérial. Passez ! passez ! Les morts vont vite !...

Allons, César, dans cette maison de perdition qu'on nomme les Tuileries, satisfaites vos obscènes caprices : caressez ces dames, et ces flacons, videz la coupe des voluptés princières ; endormez-vous, Maîtres, sur des coussins de peau de satin, ou des oreillers de velours. Cet élyséen lupanar vaut bien votre ancien bouge de Hay-Market. Allons, ex-constable de Londres, prenez en main votre sceptre, et bâtonnez-les tous, ces grands seigneurs-valets, et tout ce peuple valet de vos valets ; courbez-les plus bas encore sous le poids de votre despotisme et de votre abjection. Allons, homme providentiel, rompez-lui les os, à cette société squelette ; réduisez-la en poussière, afin qu'un jour la Révolution n'ait plus qu'à souffler dessus pour la faire disparaître.

Prêtres, entonnez Te Deum sur les planches de vos églises. Baptisez, catéchisez, confessez, mariez et enterrez les vivants et les morts ; aspergez le monde de sermons et d'eau bénite pour en exorciser le démon de la libre pensée.

Soldats, chantez la lie et l'écume, les rouges ivresses. Tuez à Sébastopol et tuez dans Paris. Bivouaquez dans le sang et le vin et les crachats ; videz vos bidons et videz vos fusils ; défoncez des crânes humains et faites-en jaillir la cervelle ; débondez des tonnes de spiritueux, faites-en couler un ruisseau pourpre, et vautrez-vous dans ce ruisseau pour y boire à pleine gorgée... Victoire ! soldats : vous avez, au nombre de 300 mille, et après deux ans d'hésitation, enlevé les remparts de Sébastopol, défendus par de blonds enfants de la Russie ; et, au nombre de 500 mille, et après une ou deux nuits d'embuscade, vous avez conquis, avec une bravoure toute militaire, les boulevards de Paris, ces boulevards où défilait, bras dessus, bras dessous, une armée de promeneurs de tous âges et de tous sexes. Soldats ! vous êtes des braves, et du fond de son tombeau Papavoine vous contemple !...

Juges, mouchards, législateurs et bourreaux, espionnez, déportez, guillotinez, code-pénalisez les bons et les mauvais, cette pullulation de mécontents qui, à l'encontre de vous, grignoteurs et dévorateurs de budgets, ne pensent pas que tout est pour le mieux dans le meilleur des mondes possibles. Manipulateurs des plateaux de la justice lice, pesez au poids de l'or la culpabilité des revendications sociales. – Banquiers, boutiquiers, usiniers, sangsues de la production pour qui le producteur est une si douce proie, allongez vos trompes, saisissez le prolétariat à la gorge et pompez-lui tout l'or de ses veines. Agiotez, commercez, usurez, exploitez ; faites des trous à la blouse de l'ouvrier et des trous à la lune. Riches, engraissez-vous la panse et amaigrissez la chair du pauvre. – Avocats, plaidez le pour et le contre, le blanc et le noir ; dépouillez la veuve et l'orphelin au profit du puissant prévaricateur, et le petit artisan au profit du grand industriel. Suscitez des procès entre les propriétaires, en attendant que la société fasse votre procès et celui de la propriété. Prêtez aux tribunaux criminels l'appui de vos parodies de défense, et innocentez ainsi la condamnation, sous prétexte d'innocenter l'accusé. – Huissiers, avoués et notaires, rédigez sur papier timbré des actes de propriété ou de piraterie ; dépossédez ceux-ci et investissez ceux-là ; ébattez-vous comme des chenilles sur les riches et plantureux sommets, afin d'épuiser plus vite la sève qui des couches inférieures monte sans cesse pour les alimenter. – Docteurs de l'instruction publique, qui avez la faculté de mercurialiser les enfants de la société au nom du crétinisme universitaire ou clérical, fessez et refessez filles et garçons. – Diplômés de la Faculté de Médecine pour la médicamentation mercurielle et arsenicale, ordonnancez les malades, expérimentez sur les prolétaires et tenaillez-les sur le chevalet de vos hôpitaux. Allez, empiriques, non seulement votre brevet d'incapacité scientifique et de rapacité épicière vous y autorise, mais vous avez, de plus, la garantie du gouvernement. Faites, et pour peu que vous soyez en possession d'une aristocratique clientèle et d'un caractère bien pensant, le chef de l'État détachera de sa couronne une étoile d'or pour la suspendre à votre boutonnière.

Vous tous, enfin, qui êtes opulents d'opprobre, fortaiteurs à qui la fortune sourit, comme sourient les prostituées au seuil des maisons borgnes ; débauchés de la décadence chrétienne, corrupteurs et corrompus, piétinez, piétinez sur la « vile multitude «, salissez-la de votre boue, rneurtrissez-la de vos talons, attentez à sa pudeur, à son intelligence, à sa vie ; faites, et faites encore !...

Et puis, après ?...

Empêcherez-vous le soleil de luire et le progrès de suivre son cours ? Non, car vous ne pourrez pas faire que l'usure ne soit pas l'usure, que la misère ne soit pas la misère, que la banqueroute ne soit pas la banqueroute, et que la révolution ne soit pas la révolution !!...

Ô Bourgeois, vous qui n'avez jamais rien produit que des exactions, et qui rêvez des satisfactions éternelles en digérant vos satisfactions momentanées, dites, Bourgeois, quand vous passez à l'heure qu'il est par les rues, ne sentez-vous pas quelque chose comme une ombre qui vous suit, quelque chose qui marche et qui ne lâche pas votre piste ? Tant que vous serez debout et revêtus de la livrée impériale comme d'une cuirasse, tant que vous aurez pour béquilles les baïonnettes enrégimentées, et que le couperet de la guillotine surmontera cet immense faisceau d'armes, avec le catéchisme-pénal d'un côté et le code-religieux de l'autre ; tant que le capital rayonnera sur tout cela comme un soleil d'Austerlitz, Bourgeois, vous n'aurez rien à craindre du loup, de l'hyène ou du spectre dont le flair vous épouvante. Mais, le jour où un voile passera sur ce soleil ; le jour où votre livrée sera usée jusqu'à la trame, le jour où, frissonnant dans votre nudité, vous trébucherez de faux pas en faux pas et roulerez à terre, effarés, terrorifiés ; le jour où vous tomberez de Moscou en Bérézina oh ! ce jour-là, je vous le dis, malheur à vous ! Le loup, l'hyène ou le spectre vous sautera au ventre et à la gorge, et il vous dévorera les entrailles, et il mettra en lambeaux vos membres et votre livrée, vos faisceaux de baïonnettes et vos catéchismes et vos codes. C'en sera fait de votre utopie du capital. Comme un cerf-volant dont la ficelle est cassée, votre soleil d'or piquera une tête dans l'abîme. Paris sera devenu votre

Joseph Déjacque

Waterloo ; et Waterloo, vous le savez, conduit à Sainte-Hélène...
En vérité, en vérité je vous le dis, ce jour-là il n'y aura pour vous ni
pitié ni merci. Souvenez-vous de Juin ! vous criera-t-on. Œil pour
œil et dent pour dent ! – Bourgeois, bourgeois, vous êtes trop juifs
pour ne pas connaître la loi de Moïse...

Ah ! toujours le fer et le plomb et le feu ! toujours le fratricide
entre les hommes ! toujours des vainqueurs et des vaincus ! Quand
donc cessera le temps des sanglantes épreuves ? A force de manger
des cadavres, la Civilisation ne mourra-t-elle pas enfin d'indigestion ?

Quand donc les hommes comprendront-ils que l'Autorité c'est le
mal ;

— Que la Propriété, qui est aussi de l'autorité, c'est le mal ;

— Que la Famille, qui est encore de l'autorité, c'est le mal ;

— Que la Religion, qui est toujours de l'autorité, c'est le mal ;

— Que la Légalité, la Constitutionalité, la Réglementalité, la
Contrationalité, qui toutes sont de l'autorité, c'est le mal, encore le
mal, toujours le mal !

Génie de l'Anarchie, esprit des siècles futurs, délivrez-nous du
mal !!!

Fin de la première partie

Errata – Dans notre dernier numéro, fin de la dernière colonne
(l'Humanisphère) au lieu de : l'idée du Circulus dans ''l'humanité''
est à mes yeux un sujet d'une trop grande portée pour n'y consacrer que quelques lignes, il faut lire : l'idée du Circulus dans ''l'universalité'' etc.

Deuxième partie

Prélude

Rêve, Idée, Utopie
Filles du droit, sylphides de mes songes,
Egalité ! Liberté ! mes amours !
Ne serez-vous toujours que des mensonges !
Fraternité ! nous fuiras-tu toujours !

Non, n'est-ce pas ? mes déesses chéries ;
Le jour approche où l'idéalité
Au vieux cadran de la réalité
Aura marqué l'heure des utopies !…
Blonde utopie, idéal de mon cœur,
Ah ! brave encore l'ignorance et l'erreur.

(Les Lazaréennes)

I

Qu'est-ce qu'une utopie ? Un rêve non réalisé, mais non pas irréalisable. L'utopie de Galilée est maintenant une vérité, elle a triomphé en dépit de la sentence de ses juges : la terre tourne. L'utopie de Christophe Colomb s'est réalisée malgré les clameurs de ses détracteurs : un nouveau monde, l'Amérique est sortie à son appel des profondeurs de l'Océan. Que fut Salomon de Caus ? Un utopiste, un fou, mais un fou qui découvrit la vapeur. Et Fulton ? Encore un utopiste. Demandez plutôt aux académiciens de l'Institut et à leur empereur et maître, Napoléon, dit le Grand… Grand comme les monstres fossiles, de bêtise et de férocité. Toutes les idées novatrices furent des utopies à leur naissance ; l'âge seul, en les développant, les fit entrer dans le monde du réel. Les chercheurs du bonheur idéal comme les chercheurs de pierre philosophale ne réaliseront peut-être jamais leur utopie d'une manière absolue, mais leur utopie sera la cause de progrès humanitaires. L'alchimie n'a pas réussi à faire de l'or, mais elle a retiré de son creuset quelque chose de bien plus précieux qu'un vain métal, elle a produit une science, la chimie. La science sociale sera l'œuvre des rêveurs de l'harmonie parfaite.

L'humanité, cette immortelle conquérante, est un corps d'armée qui a son avant-garde dans l'avenir et son arrière-garde dans le passé. Pour déplacer le présent et lui frayer la voie, il lui faut ses avant-postes de tirailleurs, sentinelles perdues qui font le coup de feu de l'idée sur les limites de l'Inconnu. Toutes les grandes étapes de l'humanité, ses marches forcées sur le terrain de la conquête sociale n'ont été accomplies que sur les pas des guides de la pensée.

En avant ! lui criaient ces explorateurs de l'Avenir, debout sur les cimes alpestres de l'utopie. Halte ! râlaient les traînards du Passé, accroupis dans les ornières de fangeuses réactions. En marche ! répondait le génie de l'Humanité. Et les lourdes masses révolutionnaires s'ébranlaient à sa voix. —Humanité ! j'arbore sur la route des siècles futurs le guidon de l'utopie anarchique, et te crie : En avant ! Laisse les traînards du Passé s'endormir dans leur lâche immobilisme et y trouver la mort. Réponds à leur râle d'agonie, à leurs gémissements cadavériques par un sonore appel au mouvement, à la vie. Embouche le clairon du Progrès, prends en main tes baguettes insurrectionnelles, et sonne et bat la générale.

—En marche ! en marche ! ! en marche ! ! !

Aujourd'hui que la vapeur est dans toute sa virilité, et que l'électricité existe à l'état d'enfance ; aujourd'hui que la locomotion et la navigation se font à grande vitesse ; qu'il n'y a plus ni Pyrénées, ni Alpes, ni déserts, ni océans ; aujourd'hui que l'imprimerie édite la parole à des cent milliers d'exemplaires et que le commerce la colporte jusque dans les coins les plus ignorés du globe ; aujourd'hui que d'échanges en échanges on est arrivé à entrouvrir les voies de l'unité ; aujourd'hui que les travaux des générations ont formé, d'étage en étage et d'arcade en arcade, ce gigantesque aqueduc qui verse sur le monde actuel des flots de sciences et de lumières ; aujourd'hui que la force motrice et la force d'expansion dépassent tout ce que les rêves les plus utopiques des temps anciens pouvaient imaginer de grandiose pour les temps modernes ; aujourd'hui que le mot « impossible » est rayé du dictionnaire humain ; aujourd'hui que l'homme, nouveau Phébus dirigeant la marche de la vapeur, échauffe la végétation et produit où il lui plaît des serres où germent, poussent et fleurissent les plantes et les arbres de tous les climats, oasis que le voyageur rencontre au milieu des neiges et des glaces du Nord ; aujourd'hui que le génie humain, au nom de sa suzeraineté, a pris possession du soleil, ce foyer d'étincelants artistes, qu'il en a captivé les rayons, les a enchaînés à son atelier, et les contraint, comme de serviles vassaux, à graver et à peindre son image sur des plaques de zinc ou des feuilles de papier ; aujourd'hui, enfin, que tout marche à pas de géant, est-il possible que le Progrès, ce géant des géants, continue à marcher piano-piano sur les railways de la science sociale ? Non,

non. Je vous dis, moi, qu'il va changer d'allure ; il va se mettre au pas avec la vapeur et l'électricité, il va lutter avec elles de force et d'agilité. Malheur alors à qui voudrait tenter de l'arrêter dans sa course : il serait rejeté en lambeaux sur le revers du chemin par le chasse-pierres du colossal locomoteur, ce cyclope à l'œil de feu qui remorque à toute chaleur d'enfer le cortège satanique de l'humanité, et qui, se dressant sur ses essieux, s'avance, front haut et tête baissée, sur la ligne droite de l'anarchie, en secouant dans les airs sa brune chevelure constellée d'étincelles de flamme ! Malheur à qui voudrait se mettre en travers de ce cratère roulant ! Tous les dieux du monde antique et moderne ne sont pas de taille à se mesurer avec le nouveau Titan, place ! place ! rangez-vous de côté, bouviers couronnés, marchands de bétail humain qui revenez de Poissy avec votre cariole Civilisation. Garez-vous, matamores Lilliputiens, et livrez passage à l'utopie. Place ! place au souffle énergique de la Révolution ! Place, monnayeurs d'écus, forgeurs de fers, place au monnayeur d'idées, au forgeur de foudre !...

—A peine avais-je fini de tracer ces lignes que je fus forcé de m'arrêter, comme il m'arriva bien souvent d'y être contraint dans le cours de ce travail. La trop grande tension de toutes mes facultés pour soulever et rejeter le fardeau d'ignorance qui pèse sur ma tête, cette surexcitation enthousiaste de la pensée, en agissant sur mon tempérament débile, avait fait jaillir les pleurs de mes yeux. Je suffoquais dans les sanglots. Le sang me battait les deux tempes et soulevait dans mon cerveau des vagues torrentielles, flots brûlants que les artères ne cessaient d'y précipiter par toutes leurs écluses. Et tandis que de la main droite j'essayais de contenir et d'apaiser les bouillonnements de mon front, de la main gauche j'essayais en vain de comprimer les pulsations accélérées de mon cœur. L'air n'arrivait plus à mes poumons. Je chancelais comme un homme ivre, en allant ouvrir la croisée de ma chambre. Je m'approchai de mon lit et me jetai dessus. —Vais-je donc perdre la vie ou la raison ? me disais-je. Et je me relevai, ne pouvant rester couché, et je me recouchai, ne pouvant rester debout. Il me semblait que ma tête allait éclater, et qu'on me tordait le sein avec des tenailles. J'étranglais : des muscles de fer me serraient à la gorge... Ah ! l'Idée est une amante qui dans ses fougueux embrassements vous mord jusqu'à vous faire crier, et ne vous laisse un moment, pantelant et épuisé, que pour vous préparer à de nouvelles et plus ardentes caresses. Pour lui faire la cour, il faut, si l'on n'est pas fort en science, être brave en intuition. Arrière ! dit-elle aux faquins et aux lâches, vous êtes des profanes ! Et elle les laisse se morfondre hors du sanctuaire. A cette langoureuse, superbe et passionnée maîtresse, il faut des hommes de salpêtre et de bronze pour amants. Qui sait combien de jours coûte chacun de ses baisers ! Une fois ce spasme apaisé, je m'assis devant ma table. L'Idée vint s'y asseoir à mes côtés. Et, la tête appuyée sur son épaule, une main dans sa main et l'autre dans les boucles de ses cheveux, nous échangeâmes un long regard de calme ivresse. Je me remis à écrire, et à son tour elle se pencha sur moi. Et je sentais son doux contact rallumer la verve dans mon cerveau et dans mon cœur, et son souffle embraser de nouveau mon souffle. Après avoir relu ce que j'avais écrit, et en songeant à cette masse inerte de préjugés et d'ignorances qu'il fallait transformer en individualités actives, en libres et studieuses intelligences, je sentis que les soupçons du doute se glissaient dans mon esprit. Mais l'Idée, me parlant à l'oreille, les dissipa bientôt. Une société, me dit-elle, qui dans ses couches les plus obscures, sous la blouse de l'ouvrier, sent gronder de semblables laves révolutionnaires, des tempêtes de soufre et de feu comme il en circule dans tes veines ; une société dans laquelle il se trouve des déshérités pour oser écrire ce que tu écris, et faire ainsi appel à toutes les révoltes du bras et de l'intelligence ; une société où de pareils écrits trouvent des presses pour les imprimer et des hommes pour serrer la main à leurs auteurs ; où ces auteurs, qui sont des prolétaires, trouvent encore des patrons pour les employer, —sauf exceptions, bien entendu, —et où ces hérétiques de l'ordre légal peuvent cheminer par les rues sans être marqués au front d'un fer rouge, et sans qu'on les traîne au bûcher, eux et leurs livres ; oh, va, une telle société, bien qu'elle soit officiellement l'ennemie des idées nouvelles, est bien près de passer à l'ennemi… Si elle n'a pas encore le sentiment de la moralité de l'Avenir, du moins n'a-t-elle plus le sentiment de la moralité du Passé. La société actuelle est comme une forteresse investie de toutes parts et qui a perdu toute communication avec le corps d'armée qui la protégeait et qui a été détruit. Elle sait qu'elle ne peut plus se ravitailler. Aussi ne se défend-elle plus que pour la forme. On peut calculer d'avance le jour de sa reddition. Sans aucun doute, il y aura encore des volées de coups de canon échangées ; mais quand elle aura épuisé ses dernières munitions, vidé ses arsenaux et ses greniers d'abondance, il faudra bien qu'elle amène pavillon. La vieille société n'ose plus se protéger, ou, si elle se protège, c'est avec une fureur qui témoigne de sa faiblesse. Les jeunes gens enthousiastes du beau peuvent être audacieux et voir le succès couronner leur audace. Les vieillards envieux et cruels échoueront toujours dans leurs caduques témérités. Il y a bien encore de nos jours, et plus que jamais, des prêtres pour religionner les âmes, comme il y a des juges pour tortionner les corps ; des soldats pour faire pâturer l'autorité, comme des patrons pour vivre aux dépens de l'ouvrier. Mais prêtres et juges, soldats et patrons n'ont plus foi dans leur sacerdoce. Il y a dans leur glorification publique d'eux-mêmes par eux-mêmes comme une arrière-pensée de honte à faire ce qu'ils font. Tous ces parvenus, ces porteurs de chasubles ou de simarres, de ceintures garnies de pièces d'or ou de lames d'acier, ne se sentent pas à l'aise entre le monde qui vient et le monde qui s'en va ; ils ont des inquiétudes dans les jambes, il semble qu'ils marchent sur des charbons ardents. Il est vrai qu'ils continuent toujours à officier, à condamner, à fusiller, à exploiter, mais, « dans leur for intérieur, ils ne sont pas bien sûrs de n'être pas des voleurset des assassins !... » c'est-à-dire qu'ils n'osent pas tout à fait se l'avouer, de peur d'avoir trop peur. Ils comprennent vaguement qu'ils sont en rupture de ban, que la société civilisée est une société mal famée, et qu'un jour ou l'autre la Révolution peut opérer dans ce bouge une descente de justice. Le pas de l'avenir résonne sourdement sur le pavé de la rue. Trois coups frappés à la porte, trois coups de tocsin dans Paris, et c'en est fait de l'enjeu et des joueurs !

La Civilisation, cette fille de la Barbarie qui a la sauvagerie pour aïeule, la Civilisation, épuisée par dix-huit siècles de débauches, est atteinte d'une maladie incurable. Elle est condamnée par la science. Il faut qu'elle meure. Quand ? plus tôt qu'on ne croit, sa maladie est une phtisie pulmonaire, et, on le sait, les phtisiques conservent l'apparence de la vie jusqu'à la dernière heure. Un soir d'orgie elle se couchera pour ne plus se relever.

Quand l'Idée eut fini de parler, je l'attirai doucement sur mes genoux et là, entre deux baisers, je lui demandai le secret des temps futurs. Elle est si tendre et si bonne pour qui l'aime ardemment qu'elle ne sut pas me refuser. Et je restai suspendu à ses lèvres et recueillant chacune de ses paroles, et comme fasciné par le fluide attractif, par les effluves de lumière dont m'inondait sa prunelle. Qu'elle était belle ainsi, la gracieuse séductrice ! Je voudrais pouvoir redire avec tout le charme qu'elle mit à me le raconter ces magnificences de l'utopie anarchique, toutes ces féeries du monde harmonien. Ma plume est trop peu savante pour en donner autre chose qu'un pâle aperçu. Que celui qui voudra en connaître les ineffables enchantements fasse, comme moi, appel à l'Idée, et que, guidé par elle, il évoque à son tour les sublimes visions de l'idéal, la lumineuse apothéose des âges futurs.

II

Dix siècles ont passé sur le front de l'Humanité. Nous sommes en l'an 2858. —Imaginez un sauvage des premiers âges, arraché du sein de sa forêt primitive et jeté sans transition à quarante siècles de distance au milieu de l'Europe actuelle, en France, à Paris. Supposez qu'une puissance magique ait délié son intelligence et la promène à travers les merveilles de l'industrie, de l'agriculture, de l'architecture, de tous les arts et de toutes les sciences, et que, comme un cicerone, elle lui en montre et lui en explique toutes les beautés. Et maintenant jugez de l'étonnement de ce sauvage. Il tombera en admiration devant toutes ces choses ; il ne pourra en croire ses yeux ni ses oreilles ; il criera au miracle, à la civilisation, à l'utopie !

Imaginez maintenant un civilisé transplanté tout à coup du Paris du XIXe siècle au temps originaire de l'humanité. Et jugez de sa stupéfaction en face de ces hommes qui n'ont encore d'autres instincts que ceux de la brute, des hommes qui paissent et qui bêlent, qui beuglent et qui ruminent, qui ruent et qui braient, qui mordent, qui griffent et qui rugissent, des hommes pour qui les doigts, la langue, l'intelligence sont des outils dont ils ne connaissent pas le maniement, un mécanisme dont ils sont hors d'état de comprendre les rouages. Figurez-vous ce civilisé, ainsi exposé à la merci des hommes farouches, à la fureur des bêtes féroces et des éléments indomptés. Il ne pourra vivre parmi toutes ces monstruosités. Ce sera pour lui le dégoût, l'horreur, le chaos !

Eh bien ! l'utopie anarchique est à la civilisation ce que la civilisation est à la sauvagerie. Pour celui qui a franchi par la pensée les dix siècles qui séparent le présent de l'avenir, qui est entré dans ce monde futur et en a exploré les merveilles, qui en a vu, entendu et palpé tous les harmonieux détails, qui s'est initié à toutes les joies de cette société humanitaire, pour celui-là le monde actuel est encore une terre inculte et marécageuse, un cloaque peuplé d'hommes et d'institutions fossiles, une monstrueuse ébauche de société, quelque chose d'informe et de hideux que l'éponge des révolutions doit effacer de la surface du globe. La Civilisation, avec ses monuments, ses lois, ses mœurs, avec ses frontières de propriétés et ses ornières de nations, ses ronces autoritaires et ses racines familiales, sa prostitutionnelle végétation ; la Civilisation avec ses patois anglais, allemand, français, cosaque, avec ses dieux de métal, ses fétiches grossiers, ses animalités pagodines, ses caïmans mitrés et couronnés, ses troupeaux de rhinocéros et de daims, de bourgeois et de prolétaires, ses impénétrables forêts de baïonnettes et ses mugissantes artilleries, torrent de bronze allongés sur leurs affûts et vomissant avec fracas des cascades de mitraille ; la Civilisation, avec ses grottes de misère, ses bagnes et ses ateliers, ses maisons, de tolérance et de St-Lazare, avec ses montagneuses chaînes de palais et d'églises, de forteresses et de boutiques, ses repaires de princes, d'évêques, de généraux, de bourgeois, obscènes macaques, hideux vautours, ours mal léchés, métallivores et carnivores qui souillent de leur débauche et font saigner sous leur griffe la chair et l'intelligence humaines ; la Civilisation, avec son Evangile pénal et son Code religieux, ses empereurs et ses papes — ses potences-constrictor qui vous étranglent un homme dans leurs anneaux de chanvre et puis le balancent au haut d'un arbre, après lui avoir brisé la nuque du cou, ses guillotines-alligator qui vous le broient comme un chien entre leurs terribles mâchoires et vous lui séparent la tête du tronc d'un coup de leur herse triangulaire ; la Civilisation, enfin, avec ses us et coutumes, ses chartes et ses constitutions pestilentielles, son choléra-moral, toutes ses religionnalités et ses gouvernementalités épidémiques ; la Civilisation, en un mot, dans toute sa sève et son exubérance, la Civilisation, dans toute sa gloire, est, pour celui-là qui a fixé du regard l'éblouissant Avenir, ce que serait pour le civilisé la sauvagerie à l'origine du globe, l'homme nouveau-né au sortir de son moule terrestre et barbottant encore dans les menstrues du chaos ; comme aussi l'utopie anarchique est, pour le civilisé, ce que serait pour le sauvage la révélation du monde civilisé ; c'est-à-dire quelque chose d'hyperboliquement bon, d'hyperboliquement beau, quelque chose d'ultra et d'extra-naturel, le paradis de l'homme sur la terre.

III

L'homme est un être essentiellement révolutionnaire. Il ne saurait s'immobiliser sur place. Il ne vit pas de la vie des bornes, mais de la vie des astres. La nature lui a donné le mouvement et la lumière, c'est pour graviter et rayonner. La borne elle-même, bien que lente à se mouvoir, ne se transforme-t-elle pas chaque jour imperceptiblement jusqu'à ce qu'elle se soit entièrement métamorphosée, et ne continue-t-elle pas dans la vie éternelle ses éternelles métamorphoses ?

Civilisés, voulez-vous donc être plus bornes que les bornes ? — « Les révolutions sont des conservations. » — Révolutionnez-vous donc, afin de vous conserver.

Dans l'aride désert où est campée notre génération, l'oasis de l'anarchie est encore, pour la caravane fatiguée de marches et de contre-marches, un mirage flottant à l'aventure. Il dépend de l'intelligence humaine de solidifier cette vapeur, d'en fixer le fantôme aux ailes d'azur sur le sol, de lui donner un corps. Voyez-vous là-bas, aux fins fonds de l'immense misère, voyez-vous un nuage sombre et rougeâtre s'élever à l'horizon ? C'est le Simoun révolutionnaire. Alerte ! civilisés. Il n'est que temps de plier les tentes, si vous ne voulez être engloutis sous cette avalanche de sables brûlants. Alerte ! et fuyez droit devant vous. Vous trouverez la source fraîche, la verte pelouse, les fleurs parfumées, les fruits savoureux, un abri protecteur sous de larges et hauts ombrages. Entendez-vous le Simoun qui vous menace ? voyez-vous le mirage qui vous sollicite ? Alerte ! Derrière vous, c'est la mort ; à droite et à gauche, c'est la mort ; où vous stationnez, c'est la mort… Marchez ! devant vous, c'est la vie. Civilisés, civilisés, je vous le dis : le mirage n'est point un mirage, l'utopie n'est point une utopie ; ce que vous prenez pour un fantôme c'est la réalité !...

IV

Et, m'ayant donné trois baisers, l'Idée écarta le rideau des siècles et découvrit à mes yeux la grande scène du monde futur, où elle allait me donner pour spectacle l'Utopie anarchique.

Le monde futur

La liberté mutuelle est la loi commune. (Emile de Girardin)

Et la terre, qui était sèche, reverdit, et tous purent manger de ses fruits, et aller et venir sans que personne leur dît : Où allez-vous ? on ne passe point ici.

Et les petits enfants cueillaient des fleurs, et les apportaient à leur mère, qui doucement leur souriait.

Et il n'y avait ni pauvres ni riches, mais tous avaient en abondance les choses nécessaires à leurs besoins, parce que tous s'aimaient et s'aidaient en frères. (Paroles d'un croyant)

Et d'abord, la Terre a changé de physionomie. A la place des plaies marécageuses qui lui dévoraient les joues, brille un duvet agricole, moisson dorée de la fertilité. Les montagnes semblent aspirer avec frénésie le grand air de la liberté, et balancent sur leurs cimes leur beau panache de feuillage. Les déserts de sables ont fait place à des forêts peuplées de chênes, de cèdres, de palmiers, qui foulent aux pieds un épais tapis de mousse, molle verdure émaillée de toutes les fleurs amoureuses de frais ombrages et de clairs ruisseaux. Les cratères ont été muselés, l'on a fait taire leur éruption dévastatrice, et l'on a donné un cours utile à ces réservoirs de lave. L'air, le feu, et l'eau, tous les éléments aux instincts destructeurs ont été domptés, et captifs sous le regard de l'homme, ils obéissent à ses moindres volontés. Le ciel a été escaladé. L'électricité porte l'homme sur ses ailes et le promène dans les nues, lui et ses steamboats aériens. Elle lui fait parcourir en quelques secondes des espaces que l'on mettrait aujourd'hui des mois entiers à franchir sur le dos des lourds bâtiments marins. Un immense réseau d'irrigations couvre les vastes prairies, dont on a jeté au feu les barrières et où paissent d'innombrables troupeaux destinés à l'alimentation de l'homme. L'homme trône sur ses machines de labour, il ne féconde plus le champ à la vapeur de son corps, mais à la sueur de la locomotive. Non seulement on a comblé les ornières des champs, mais on a aussi passé la herse sur les frontières des nations. Les chemins de fer, les ponts jetés sur les détroits et les tunnels sous-marins, les bâtiments-plongeurs et les aérostats, mus par l'électricité, ont fait de tout le globe une cité unique dont on peut faire le tour en moins d'une journée. Les continents sont les quartiers ou les districts de la ville universelle. De monumentales habitations, disséminées par groupes au milieu des terres cultivées, en forment comme les squares. Le globe est comme un parc dont les océans sont les pièces d'eau ; un enfant peut, en jouant au ballon, les enjamber aussi lestement qu'un ruisseau. L'homme, tenant en main le sceptre de la science, a désormais la puissance qu'on attribuait jadis aux dieux, au bon vieux temps des hallucinations de l'ignorance, et il fait à son gré la pluie et le beau temps ; il commande aux saisons, et les saisons s'inclinent devant leur maître. Les plantes tropicales s'épanouissent à ciel découvert dans les régions polaires ; des canaux de lave en ébullition serpentent à leurs pieds ; le travail naturel du globe et le travail artificiel de l'homme ont transformé la température des pôles, et ils ont déchaîné le printemps là où régnait l'hiver perpétuel. Toutes les villes et tous les hameaux du monde civilisé, ses temples, ses citadelles, ses palais, ses chaumières, tout son luxe et toutes ses misères ont été balayés du sol comme des immondices de la voie publique ; il en reste plus de la civilisation que le cadavre historique, relégué au Mont-Faucon du souvenir. Une architecture grandiose et élégante, comme rien de ce qui existe aujourd'hui ne saurait donner le croquis, a remplacé les mesquines proportions et les pauvretés de style des édifices des civilisés. Sur l'emplacement de Paris, une construction colossale élève ses assises de granit et de marbre, ses piliers de fonte d'une épaisseur et d'une hauteur prodigieuse. Sous son vaste dôme en fer découpé à jour et posé, comme une dentelle, sur un fond de cristal, un million de promeneurs peuvent se réunir sans y être foulés. Des galeries circulaireses, étagées les unes sur les autres et plantées d'arbres comme des boulevards, forment autour de ce cirque immense une immense ceinture qui n'a pas moins de vingt lieues de circonférence. Au milieu de ces galeries, une voie ferrée transporte, dans de légers et gracieux wagons, les promeneurs d'un point à un autre, les prend et les dépose où il leur plaît. De chaque côté de la voie ferrée est une avenue de mousse, une pelouse ; puis, une avenue sablée pour les cavaliers ; puis, une avenue dallée ou parquetée ; puis, enfin, une avenue recouverte d'un épais et moelleux tapis. Tout le long de ces avenues sont échelonnés des divans et des berceuses à sommiers élastiques et à étoffes de soie et de velours, de laines et de toiles perses ; et aussi des bancs et des fauteuils en bois vernis, en marbre ou en bronze, nus ou garnis de sièges en tresse ou en cuir, en drap uni ou en fourrure tachetée ou tigrée. Sur les bords de ces avenues, des fleurs de toutes les contrées, s'épanouissant sur leurs tiges, ont pour parterre de longues consoles en marbre blanc. De distance en distance se détachent de légères fontaines, les unes en marbre blanc, en stuc, en agate et bronze, plomb et argent massif ; les autres en marbre noir, en brèche violette, en jaune de sienne, en malaquite, en granit, en cailloux, en coquillage et cuivre et or et fer. Le tout mélangé ensemble ou en partie avec une entente parfaite de l'harmonie. Leur forme, variée à l'infini, est savamment mouvementée. Des sculptures, œuvres d'habiles artistes, animent par d'idéales fantaisies ces urnes d'où, le soir, jaillissent avec des flots et des jets d'eau limpide des jets et des flots de lumière, cascades de diamants et de lave qui ruissellent à travers les plantes et les fleurs aquatiques. Les piliers et les plafonds des galeries sont d'une ornementation hardie et fortement accentuée. Ce n'est ni grec, ni romain, ni mauresque, ni gothique, ni renaissance ; c'est quelque chose de témérairement beau, d'audacieusement gracieux, c'est la pureté du profil avec la lasciveté du contour, c'est souple et c'est nerveux ; cette ornementation est à l'ornementation de nos jours ce que la majesté du lion, ce superbe porte-crinière, est à la pataudité et à la nudité du rat. La pierre, le bois et le métal concourent à la décoration de ces galeries, et s'y marient harmonieusement. Sur des fonds d'or et d'argent se découpent des sculptures en bois de chêne, en bois d'érable, en bois d'ébène. Sur des champs de couleurs tendres ou sévères courent en relief des rinceaux de fer et de plomb galvanisés. Des muscles de bronze et de marbre divisent toute cette riche charnure en mille compartiments, et en relient l'unité. D'opulentes draperies pendent le long des arcades qui, du côté interne, sont ouvertes sur le cirque, et, du côté externe, fermées aux intempéries des saisons par une muraille de cristal. A

Joseph Déjacque

l'intérieur, des colonnades formant véranda supportent à leur faîte un entablement crénelé à plate-forme ou terrasse, comme une forteresse ou un colombier, et livrent passage, par ces ouvertures architecturales, aux visiteurs qui en descendent ou qui y montent au moyen d'un balcon mobile s'élevant ou s'abaissant à la moindre pression. Ces galeries circulaires, régulières quant à l'ensemble, mais différentes quant aux détails, sont coupées de distance en distance par des corps de bâtiments en saillie d'un caractère plus imposant encore. Dans ces pavillons, qui sont comme les maillons de cette chaîne d'avenues, il y a les salons de rafraîchissements et de collations, les salons de causerie et de lecture, de jeux et de repos, d'amusements et de récréations, pour l'âge viril comme pour l'âge enfantin. Dans ces sortes de reposoirs, ouverts à la foule bigarrée des pèlerins, tous les raffinements du luxe qu'on pourrait de nos jours appeler aristocratique, semblent y avoir été épuisés, tout y est d'une richesse et d'une élégance féerique. Ces pavillons, à leur étage inférieur, sont autant de péristyles par où l'on entre dans l'immense arène. Ce nouveau Colysée, dont nous venons d'explorer les gradins, a son arène comme les anciens colysées : c'est un parc parsemé de massifs d'arbres, de pelouses, de plates-bandes de fleurs, de grottes rustiques et de kiosques somptueux. La Seine et une infinité de canaux et de bassins de toutes les formes, eaux vives et eaux dormantes, se carrent ou courent, reposent ou serpentent au milieu de tout cela. De larges avenues de marronniers et d'étroits sentiers bordés de haies, et couverts de chèvre-feuille et d'aubépine, les sillonnent dans tous les sens. Des groupes de bronze et de marbre, chefs-d'œuvre de la statuaire, jalonnent ces avenues et y trônent par intervalles, ou se mirent, au détour de quelque sentier dérobé, dans le cristal d'une fontaine solitaire. Le soir, de petits globes de lumière électrique projettent, comme des étoiles, leurs timides rayons sur les ombrages de verdure, et plus loin, au-dessus de la partie la plus découverte, une énorme sphère de lumière électrique verse de son orbe des torrents de clarté solaire. Des calorifères, brasiers infernaux, et des ventilateurs, poumons éoliens, combinent leurs efforts pour produire dans cette enceinte un climat toujours tempéré, une floraison perpétuelle. C'est quelque chose de mille et une fois plus magique que les palais et les jardins des Mille et une Nuits. Des yoles aérostatiques, des canotiers aériens traversent à vol d'oiseau cette libre volière humaine, vont, viennent, entrent et sortent, se poursuivent ou se croisent dans leurs capricieuses évolutions. Ici ce sont des papillons multicolores qui voltigent de fleurs en fleurs, là des oiseaux des zones équatoriales qui folâtrent en toute liberté. Les enfants s'amusent sur les pelouses avec les chevreuils et les lions devenus des animaux domestiques ou civilisés, et ils s'en servent comme de dadas pour monter dessus ou les atteler à leurs brouettes. Les panthères, apprivoisées comme des chats, grimpent après les colonnes ou les arbres, sautent sur l'épaule de roc des grottes, et, dans leurs bonds superbes ou leurs capricieuses minauderies, dessinent autour de l'homme les plus gracieuses courbes ; et, rampantes à ses pieds, sollicitent de lui un regard ou une caresse. Des orgues souterraines, mugissements de vapeur ou d'électricité, font entendre par moment leur voix de basse-taille et, comme d'un commun concert, mêlent leurs sourdes notes au ramage aigu des oiseaux chanteurs, ces légers ténors. Au centre à peu près de cette vallée de l'harmonie s'élève un labyrinthe, au faîte duquel est un bouquet de palmiers. Au pied de ces palmiers est une tribune en ivoire et bois de chêne, du plus beau galbe. Au-dessus de cette tribune, et adossée aux tiges des palmiers, est suspendue une large couronne en acier poli entourant une toque de satin azur proportionnée à la couronne. Une draperie en velours et en soie grenat, à frange d'argent, et supportée par des torsades en or, retombe en boucles par derrière. Sur le devant des bandeaux est une grosse étoile en diamant, surmontée d'un croissant et d'une aigrette de flamme vive. De chaque côté sont deux mains en bronze, également attachées au bandeau, une à droite et l'autre à gauche, servant d'agrafes à deux ailes également de flamme vive. C'est à cette tribune que, dans les jours de solennité, montent ceux qui veulent parler à la foule. On comprend que, pour oser aborder pareille chaire, il faille être autre chose que nos tribuns et parlementaires. Ceux-ci seraient littéralement écrasés sous le poids moral de cette couronne ; ils sentiraient sous leurs pieds le plancher frémir de honte et s'écarter pour les engloutir. Aussi ces hommes qui viennent prendre place sous ce diadème et sur ces degrés allégoriques, ne sont-ils que ceux qui ont à répandre, du haut de cette urne de l'intelligence, quelque grande et féconde pensée, perle enchâssée dans une brillante parole, et qui, sortie de

Joseph Déjacque

la foule, retombe sur la foule comme la rosée sur les fleurs. La tribune est libre. Y monte qui veut, —mais ne le veut que qui peut y monter. Dans ce monde là, qui est bien différent du nôtre, on a le sublime orgueil de n'élever la voix en public que pour dire quelque chose. Icare n'eût pas osé y essayer ses ailes, il eût été trop certain de choir. C'est qu'il faut mieux qu'une intelligence de cire pour tenter l'ascension de la parole devant un pareil auditoire. Un ingénieux mécanisme acoustique permet à ce million d'auditeurs d'entendre distinctement toutes les paroles de l'orateur, si éloigné que chacun soit de lui. Des instruments d'optique admirablement perfectionnés, permettent d'en suivre les mouvements, ceux du geste et de la physionomie, à une très grande distance.

Vu par les yeux du Passé, ce colossal carrousel, avec toutes ses vagues humaines, avait pour moi l'aspect grandiose de l'Océan. Vu par les yeux de l'Avenir, nos académies de législateurs et nos conseils démocratiques, le palais Bourbon et la salle Martel, ne m'apparaissaient plus que sous la forme d'un verre d'eau. Ce que c'est que l'homme et comme il voit différemment les choses, selon que le panorama des siècles roule ou déroule ses perspectives. Ce qui pour moi était l'utopie était pour eux tout ordinaire. Ils avaient des rêves bien autrement gigantesques et que ne pouvait embrasser ma petite imagination. J'entendis parler de projets tellement au dessus du vulgaire que c'est à peine si je pouvais en saisir le sens. Quelle figure, disais-je en moi-même, ferait au milieu de ces gens-là un civilisé de la rue des Lombards : il aurait beau se mettre la tête dans son mortier, la broyer comme un noyau de pêche, en triturer le cerveau, il ne parviendrait jamais à en extraire un rayon d'intelligence capable seulement d'en comprendre le plus petit mot.

Ce monument dont j'ai essayé de donner un croquis, c'est le palais ou pour mieux dire le temple des arts et des sciences, quelque chose dans la société ultérieure comme le Capitole et le Forum dans la société antérieure. C'est le point central où viennent aboutir tous les rayons d'un cercle et d'où ils se répandent ensuite à tous les points de la circonférence. Il s'appelle le Cyclidéon, c'est-à-dire «lieu consacré au circulus des idées», et par conséquent à tout ce qui est le produit de ces idées ; c'est l'autel du culte social, l'église anarchique de l'utopiste humanité.

Chez les fils de ce nouveau monde, il n'y a ni divinité ni papauté, ni royauté ni dieux, ni rois ni prêtres. Ne voulant pas être esclaves, ils ne veulent pas de maîtres. Etant libres, ils n'ont de culte que pour la Liberté, aussi la pratiquent-ils dès leur enfance et la confessent-ils à tous les moments et jusque dans les derniers moments de leur vie. Leur communion anarchique n'a besoin ni de bibles ni de codes ; chacun d'eux porte en soi sa loi et son prophète, son cœur et son intelligence. Il ne font pas à autrui ce qu'ils ne voudraient pas que leur fit autrui, et ils font à autrui ce qu'ils voudraient qu'autrui leur fit. Voulant le bien pour eux, ils font le bien pour les autres. Ne voulant pas qu'on attente à leur libre volonté, ils n'attentent pas à la libre volonté des autres. Aimants, aimés, ils veulent croître dans l'amour et multiplier par l'amour. Hommes, ils rendent au centuple à l'Humanité ce qu'enfants ils ont coûté de soins à l'Humanité ; et à leur prochain les sympathies qui sont dues à leur prochain : regard pour regard, sourire pour sourire, baiser pour baiser, et, au besoin, morsure pour morsure. Ils savent qu'ils n'ont qu'une mère commune, l'Humanité, qu'ils sont tous frères, et que fraternité oblige. Ils ont conscience que l'harmonie ne peut exister que par le concours des volontés individuelles, que la loi naturelle des attractions est la loi des infiniment petits comme des infiniment grands, que rien de ce qui est sociable ne peut se mouvoir que par elle, qu'elle est la pensée universelle, l'unité des unités, la sphère des sphères, qu'elle est immanente et permanente dans l'éternel mouvement ; et ils disent : En dehors de l'anarchie pas de salut ! et ils ajoutent : Le bonheur, il est de notre monde. Et tous sont heureux, et tous rencontrent sur leur chemin les satisfactions qu'ils cherchent. Ils frappent, et toutes les portes s'ouvrent ; la sympathie, l'amour, les plaisirs et les joies répondent aux battements de leur cœur, aux pulsations de leur cerveau, aux coups de marteau de leur bras ; et, debout sur leurs seuils, ils saluent le frère, l'amant, le travailleur ; et la Science, comme une humble servante, les introduit plus avant sous le vestibule de l'Inconnu.

Et vous voudriez une religion, des lois chez un pareil peuple ? Allons donc ! Ou ce serait un péril, ou ce serait un hors-d'œuvre. Les lois et les religions sont faites pour les esclaves par des maîtres qui sont aussi des esclaves. Les hommes libres ne portent ni lien spirituel ni chaînes temporelles. L'homme est son roi et son Dieu. —»Moi et mon droit», telle est sa devise.

Joseph Déjacque

Sur l'emplacement des principales grandes villes d'aujourd'hui, l'on avait construit des Cyclidéons, non pas semblables, mais analogues à celui dont j'ai donné la description. Ce jour-là, il y avait dans celui-ci exhibition universelle des produits du génie humain. Quelquefois ce n'étaient que des expositions partielles, expositions de district ou de continent. C'est à l'occasion de cette solennité que trois ou quatre orateurs avaient prononcé des discours. Dans ce cyclique des poétiques labeurs du bras et de l'intelligence était exposé tout un musée de merveilles. L'agriculture y avait apporté ses gerbes, l'horticulture ses fleurs et ses fruits, l'industrie ses étoffes, ses meubles, ses parures, la science tous ses engrenages, ses mécanismes, ses statistiques, ses théories. L'architecture y avait apporté ses plans, la peinture ses tableaux, la sculpture et la statuaire ses ornements et ses statues, la musique et la poésie les plus purs de leurs chants. Les arts comme les sciences avaient mis dans cet écrin leurs plus riches joyaux.

Ce n'était pas un concours comme nos concours. Il n'y avait ni jury d'admission ni jury de récompenses triés par la voix du sort ou du scrutin, ni grand prix octroyé par des juges officiels, ni couronnes, ni brevets, ni lauréats, ni médailles. La libre et grande voix publique est seule juge souveraine. C'est pour complaire à cette puissance de l'opinion que chacun vient lui soumettre ses travaux, et c'est elle qui, en passant devant les œuvres des uns et des autres, leur décerne selon ses aptitudes spéciales, non pas des hochets de distinction, mais des admirations plus ou moins vives, des examens plus ou moins attentifs, plus ou moins dédaigneux. Aussi, ses jugements sont-ils toujours équitables, toujours à la condamnation des moins braves, toujours à la louange des plus vaillants, toujours un encouragement à l'émulation, pour les faibles comme pour les forts. C'est la grande redresseuse de torts ; elle qui témoigne à tous individuellement qu'ils ont plus ou moins suivi le sentier de leur vocation, qu'ils s'en sont plus ou moins écartés ; et l'avenir se charge de ratifier ses maternelles observations. Et tous ses fils se grandissent à l'envi par cette instruction mutuelle, car tous ont l'orgueilleuse ambition de se distinguer également dans leurs divers travaux.

Au sortir de cette fête, je montai en aérostat avec mon guide, nous naviguâmes une minute dans les airs et nous débarquâmes bientôt sur le perron d'un des squares de l'universelle cité. C'est quelque chose comme un phalanstère, mais sans aucune hiérarchie, sans aucune autorité, où tout, au contraire, témoigne de la liberté et de l'égalité, de l'anarchie la plus complète. La forme de celui-ci est à peu près celle d'une étoile, mais ses faces rectangulaires n'ont rien de symétrique, chacune a son type particulier. L'architecture semble avoir modelé dans les plis de leur robe structurale toutes les ondulations de la grâce, toutes les courbes de la beauté. Les décorations intérieures sont d'une somptuosité élégante. C'est un heureux mélange de luxe et de simplicité, un harmonieux choix de contrastes. La population y est de cinq à six mille personnes. Chaque homme et chaque femme a son appartement séparé et qui est composé de deux chambres à coucher, d'un cabinet de bains ou de toilette, d'un cabinet de travail ou bibliothèque, d'un petit salon, et d'une terrasse ou serre chaude remplie de fleurs et de verdure. Le tout est aéré par des ventilateurs et chauffé par des calorifères, ce qui n'empêche pas qu'il y ait aussi des cheminées pour l'agrément de la vue : l'hiver, à défaut de soleil, on aime à voir rayonner la flamme dans le foyer. Chaque appartement a aussi ses robinets d'eau et de lumière. L'ameublement est d'une splendeur artistique qui ferait honte aux princiers haillons de nos aristocraties contemporaines. Et encore chacun peut-il à son gré y ajouter ou y restreindre, en simplifier ou en enrichir les détails ; il n'a qu'à en exprimer le désir. Veut-il occuper le même appartement longtemps, il l'occupe ; veut-il en changer tous les jours, il en change. Rien de plus facile, il y en a toujours de vacants à sa disposition. Ces appartements, par leur situation, permettent à chacun d'y entrer ou d'en sortir sans être vu. D'un côté, à l'intérieur, est une vaste galerie donnant sur le parc, qui sert de grande artère à la circulation des habitants. De l'autre côté, à l'extérieur, est un labyrinthe de petites galeries intimes où la pudeur et l'amour se glissent à la dérobée. Là, dans cette société anarchique, la famille et la propriété légales sont des institutions mortes, des h[y]éroglyphes dont on a perdu le sens : une et indivisible est la famille, une et indivisible est la propriété. Dans cette communion fraternelle, libre est le travail, et libre est l'amour. Tout ce qui est œuvre du bras et de l'intelligence, tout ce qui est objet de production et de consommation, capital commun, propriété collective, APPARTIENT A TOUS ET A CHACUN. Tout ce qui

Joseph Déjacque

est œuvre du cœur, tout ce qui est d'essence intime, sensation et sentiment individuels, capital particulier, propriété corporelle, tout ce qui est homme, enfin, dans son acception propre, quel que soit son âge ou son sexe, S'APPARTIENT. Producteurs et consommateurs produisent et consomment comme il leur plaît, quand il leur plaît et où il leur plaît. «La Liberté est libre.» Personne ne leur demande : Pourquoi ceci ? pourquoi cela ? Tels des enfants de riches, à l'heure de la récréation, puisent dans la corbeille de leurs jouets et y prennent l'un un cerceau, l'autre une raquette, celui-ci une balle et celui-là un arc, s'amusent ensemble ou séparément, et changent de camarades ou de joujoux au gré de leur fantaisie, mais toujours sollicités au mouvement par la vue des autres et par le besoin de leur nature turbulente ; tels aussi les fils de l'anarchie, hommes ou femmes, choisissent dans la communauté l'outil et le labeur qui leur convient, travaillent isolément ou par groupes, et changent de groupes ou d'outils selon leurs caprices, mais toujours stimulés à la production par l'exemple des autres et par le charme qu'ils éprouvent à jouer ensemble à la création. Tels encore à un dîner d'amis, les convives boivent et mangent à la même table, s'emparent à leur choix d'un morceau de tel ou tel mets, d'un verre de tel ou tel vin, sans que jamais aucun d'eux n'abuse avec gloutonnerie d'une primeur ou d'un vin rare ; et tels aussi les hommes futurs, à ce banquet de la communion anarchique, consomment selon leur goût de tout ce qui leur paraît agréable, sans jamais abuser d'une primeur savoureuse ou d'un produit rare. C'est à qui bien plutôt n'en prendra que la plus petite part. —A table d'hôte, en pays civilisé, le commis-voyageur, l'homme de commerce, le bourgeois, est grossier et brutal : il est inconnu et il paie. C'est de mœurs légales. A un repas de gens triés, l'homme du monde, l'aristocrate, est décent et courtois : il porte son nom blasonné sur son visage, et l'instinct de la réciprocité lui commande la civilité. Qui oblige les autres s'oblige. C'est de mœurs libres. Comme ce courtaud du commerce, la liberté légale est grossière et brutale ; la liberté anarchique, elle, a toutes les délicatesses de la bonne compagnie.* [La note de Déjacque se trouve à la fin du texte]

Hommes et femmes font l'amour quand il leur plaît, comme il leur plaît, et avec qui leur plaît. Liberté pleine et entière de part et d'autre. Nulle convention ou contrat légal ne les lie. L'attrait est leur seule chaîne, le plaisir leur seule règle. Aussi, l'amour est-il plus durable et s'entoure-t-il de plus de pudeur que chez les civilisés. Le mystère dont ils se plaisent à envelopper leurs libres liaisons y ajoute un charme toujours renaissant. Ils regarderaient comme une offense à la chasteté des mœurs et comme une provocation aux jalouses infirmités, de dévoiler à la clarté publique l'intimité de leurs sexuelles amours. Tous, en public, ont de tendres regards les uns pour les autres, des regards de frères et sœurs, le vermeil rayonnement de la vive amitié ; l'étincelle de la passion ne luit que dans le secret, comme les étoiles, ces chastes lueurs, dans le sombre azur des nuits. Les amours heureuses recherchent l'ombre et la solitude. C'est à ces sources cachées qu'elles puisent les limpides bonheurs. Il est pour des cœurs épris l'un de l'autre des sacrements qui doivent rester ignorés des profanes. —Dans le monde civilisé, hommes et femmes affichent à la mairie et à l'église la publicité de leur union, étalent la nudité de leur mariage aux lumières d'un bal paré, au milieu d'un quadrille et avec accompagnement d'orchestre : tout l'éclat, tout le baccanal voulu. Et coutume scandaleuse du lupanar nuptial, à l'heure dite, on arrache par la main des matrones la feuille de vigne des lèvres de la mariée ; on la prépare ignoblement à d'ignobles bestialités. —Dans le monde anarchique, on détournerait la vue avec rougeur et dégoût de cette prostitution et de ces obscénités. Tous ces femmes vendues, ce commerce de cachemires et d'études, de cotillons et de pot-au-feu, cette profanation de la chair et de la pensée humaine, cette crapularisation de l'amour, —si les hommes de l'avenir pouvaient s'en faire une image, ils frissonneraient d'horreur comme nous frissonnerions, nous, dans un rêve, à la pensée d'un affreux reptile qui nous étreindrait de ses froids et mortels replis, et nous inonderait le visage de sa tiède et venimeuse bave.

Dans le monde anarchique, un homme peut avoir plusieurs amantes, et une femme plusieurs amants, sans nul doute. Les tempéraments ne sont pas tous les mêmes, et les attractions sont proportionnelles à nos besoins. Un homme peut aimer une femme pour une chose, et en aimer une autre pour une autre chose, et réciproquement de l'homme à la femme. Où est le mal, s'ils obéissent à leur destinée ? Le mal serait de la violenter et non de la satisfaire. Le libre amour est comme le feu, il purifie tout. Ce que je puis dire, c'est que, dans le monde anarchique, les amours volages sont le très petit nombre, et les amours constants, les amours exclusifs, les amours à deux, sont le très grand nombre. L'amour vagabond est la recherche de l'amour, c'en est le voyage, les émotions et les fatigues, ce n'en est pas le but. L'amour unique, l'amour perpétuel, axe de deux cœurs confondus dans une attraction réciproque, telle est la suprême félicité des amants, l'apogée de l'évolution sexuelle ; c'est le radieux foyer vers lequel tendent tous les pèlerinages, l'apothéose du couple humain, le bonheur à son zénith.

A l'heure où l'on aime, douter de la perpétuité de son amour n'est-ce pas l'infirmer ? Ou l'on doute, et alors on n'aime pas ; ou l'on aime, et alors on ne doute pas. Dans la vieille société l'amour n'est guère possible ; il n'est jamais qu'une illusion d'un moment, trop de préjugés et d'intérêts contre nature sont là pour le dissiper, c'est un feu aussitôt éteint qu'allumé et qui s'en va en fumée. Dans la société nouvelle, l'amour est une flamme trop vive et les brises qui l'entourent sont trop pures, trop selon la douce et suave et humaine poésie, pour qu'il ne se fortifie pas dans son ardeur et ne s'exalte pas au contact de tous ces souffles. Loin de l'appauvrir, tout ce qu'il rencontre lui sert d'aliment. Ici le jeune homme comme la jeune fille ont tout le temps de se connaître. Egaux par l'éducation comme par la position sociale, frère et sœur en arts et en sciences, en études et en travaux professionnels, libres de leurs pas, de leurs gestes, de leurs paroles, de leurs regards, libres de leurs pensées comme de leurs actions, ils n'ont qu'à se chercher pour se trouver. Rien ne s'est opposé à leur rencontre, rien ne s'oppose à la pudeur de leurs premiers aveux, à la volupté de leurs premiers baisers. Ils s'aiment, non parce que telle est la volonté de pères et de mères, par intérêts de boutique ou par débauche génitale ou cérébrale, mais parce que la nature les a disposés l'un pour l'autre, qu'elle en a fait deux cœurs jumeaux, unis par un même courant de pensées, fluide sympathique qui répercute toutes leurs pulsations et met en communication leurs deux êtres.

Est-ce l'amour que l'amour des civilisés, l'amour à formes nues, l'amour public, l'amour légal ? C'en est la sauvagerie, quelque chose comme une grossière et brutale intuition. L'amour chez les harmonisés, l'amour artistement voilé, l'amour chaste et digne, bien que sensitif et passionnel, l'amour anarchique, voilà qui est humaine-

62

ment et naturellement l'amour, c'en est l'idéal réalisé, la scientifica-
tion. Le premier est l'amour animal, celui-ci est l'amour hominal.
L'un est obscénité et vénalité, sensation de la brute, sentiment de
crétin ; l'autre est pudicité et liberté, sensation et sentiment d'être
humain.

Le principe de l'amour est un, pour le sauvageon comme pour
l'hominal, pour l'homme des temps civilisés comme pour
l'homme des temps harmoniques, c'est la beauté. Seulement, la
beauté pour les hommes antérieurs et inférieurs, pour les fossiles
de l'Humanité, c'est la carnation sanguine et replète, l'enceinture
informe et bariolée, un luxe de viande ou de crinoline, de plumes
d'oiseaux de mer ou de rubans autrichiens, c'est la Vénus hottentote
ou la poupée de salon. Pour les hommes ultérieurs et supérieurs, la
beauté n'est pas seulement dans l'étoffe charnelle, elle est aussi dans
la pureté des formes, dans la grâce et la majesté des manières, dans
l'élégance et le choix des parures, et surtout dans le luxe, dans les
magnificences du cœur et cerveau.

Chez ces perfectibilisés, la beauté n'est pas un privilège de naissance non plus que le reflet d'une couronne d'or, comme dans les
sociétés sauvages et bourgeoises, elle est la fille de ses œuvres, le
fruit de son propre labeur, une acquisition personnelle. Ce qui illumine leur visage ce n'est pas le reflet extérieur d'un métal inerte
pour ainsi dire, chose vile, c'est le rayonnement de tout ce qu'il y
a dans l'homme d'idées en ébullition, de passions vaporisées, de
chaleur en mouvement, gravitation continue qui, arrivée au faîte
du corps humain, au crâne, filtre à travers ses pores, en découle, en
ruisselle en perles impalpables, et, essence lumineuse, en inonde
toutes les formes et tous les mouvements externes, en sacre l'individu.

Qu'est-ce, en définitive, que la beauté physique ? La tige dont la
beauté mentale est la fleur. Toute beauté vient du travail ; c'est par
le travail qu'elle croît et s'épanouit au front de chacun, couronne
intellectuelle et morale.

L'amour essentiellement carnivore, l'amour qui n'est qu'instinct,
n'est, pour la race humaine, que l'indice, que la racine de l'amour.
Il végète opaque et sans parfum, enfoncé dans les immondices du
sol et livré aux embrassements de cette fange. L'amour hominali-

Joseph Déjacque

sé, l'amour qui est surtout intelligence, en est la corolle aux chairs transparentes, émail corporel d'où s'échappent des émanations embaumées, libre encens, invisibles atomes qui courent les champs et montent aux nues.

—A Humanité en germe, amour immonde…

—A Humanité en fleur, fleur d'amour !

(*) Sous ce titre : les Extrêmes, voici une note à l'Humanisphère, dont le véritable sujet, voies et moyens, est plutôt esquissé que traité. C'est même une esquisse incomplète. Néanmoins, je la livre à la publicité telle quelle, sauf à y revenir ensuite. Plus d'un lecteur croira devoir me condamner pour l'avoir publiée. «On pense ces choses-là, on ne les dit pas», ajoutera-t-on tout bas. Tout ce qu'on pense doit être dit. D'ailleurs, il faut que les révolutionnaires comme les réactionnaires se familiarisent avec cette idée. Elle est dans la logique des choses, et c'est en vain qu'on voudrait l'éviter. Je ne fais que découvrir ce qui, pour beaucoup d'yeux, est encore caché ; qu'expliquer demain par hier ; que tirer des conclusions rigoureuses. Ce n'est pas ma faute si la philosophie de l'histoire contemporaine est une page que l'on ne peut écrire qu'avec du sang. Il est des voies fatales tracées par des siècles d'oppression et de servitude. Vouloir s'en écarter par des chemins de traverse est impossible : tous les chemins y ramènent. Il faut suivre la ligne droite, hâter le pas et aller jusqu'au bout. C'est le plus court pour en sortir, et c'est le seul moyen. L'aristocratie de toute nuance a besoin d'une leçon ; le prolétariat de tout pays a besoin d'un stimulant. Il faut forcer le monde, perclu par la graisse ou la faim, à penser, le secouer avec un bras de fer, le réveiller de sa funèbre apathie. Il faut que l'Avenir comme le Passé se dressent de toute leur hauteur, s'entreheurtent dans le Présent, et qu'un des deux colosses brise l'autre. A la coalition de tous les intérêts autoritaires il faut opposer la coalition de tous les intérêts anarchiques. Il faut ressusciter les journées de septembre et frapper de terreur ceux qui nous oppriment par la terreur. Il faut avoir l'audace de la solidarité avec tous les insurgés de la terre, quels qu'ils soient, pousser la témérité jusqu'à la complicité morale sinon physique avec tous ceux qui rendent à la civilisation fer pour fer et feu pour feu. Ah ! révolutionnaires, si vous avez la Révolution dans le cœur comme vous l'avez sur les lèvres ; pourquoi reculer et vous voiler la face devant de pareils moyens ? A quoi bon invoquer les principes si vous ne savez que défaillir devant les conséquences ? Ce n'est pas par de mystiques soupirs que vous conjurerez la tyrannie et l'exploitation, mais en dégainant le glaive avec l'idée, et en poignardant la Réaction dans sa chair et dans son esprit :

Les Extrêmes

Note à «l'Humanisphère»

Je suis loin de vouloir dire que l'aristocratie de nos jours soit un modèle de société pour le monde futur, bien au contraire. Ce que j'ai voulu mettre en évidence c'est que l'homme, selon les conditions diverses dans lesquelles il se meut, est plus ou moins digne ou indigne. Plus il a le sentiment de sa liberté et plus aussi il a le sentiment de dignité ; plus il a de respect pour lui-même et plus aussi il a de respect pour ses semblables. Mais l'aristocrate n'est pas libre ; il est maître, il est esclave : maître envers ses inférieurs, esclave envers ses supérieurs ; il n'est libre qu'avec ses égaux. Et encore, cette liberté est-elle fort limitée, car l'aristocrate n'est pas même un homme, il n'est qu'une moitié d'homme. (Et je parle ici des plus intelligents, de ceux qui ont le savoir intellectuel, une conscience raisonnée de leur propre valeur, les lettrés, les artistes, les sciencés, ou tout au moins ceux qui ont le sentiment des lettres, des arts et des sciences, le grand monde dans ce qu'il a de moins petit, la crème du monde élégant et du monde savant.) L'aristocratie, même dans sa meilleure acceptation, est un estropié qui ne connaît pas l'usage de ses bras, et à qui, par conséquent, il manque un sens sur deux. Le prolétaire, l'esclave blanc, est presque aussi infirme que l'aristocrate : il a des bras et pas de cerveau, ou du moins un cerveau dont il ne connaît guère l'usage. Quant au bourgeois, cette chose qui n'est pas l'aristocrate et qui n'est pas le prolétaire, ce tas de chair, — ni bras ni tête, ni cœur, mais tout ventre, c'est un être tellement difforme et immonde qu'il ne peut servir que de repoussoir aux ultras du prolétariat comme aux ultras de l'aristocratie. Parfois les extrêmes se touchent, mais c'est à condition d'évoluer par les deux bouts, et en écrasant dans ce double rapprochement tout ce qui est entre eux deux. Il ne s'agit pas de découronner l'aristocrate de son luxe, de le faire descendre de son piédestal artistique ou scientifique, mais d'y faire monter le prolétaire, de l'y couronner ; comme il ne s'agit

Joseph Déjacque

pas non plus de briser entre les mains du prolétaire le sceptre du travail industriel ou agricole, mais d'en armer l'aristocrate. Ouvrier du haut et ouvrier du bas, oisif du bras et oisif de la tête, tous les deux doivent se compléter, non pas seulement l'un par l'autre, mais bien aussi l'un et l'autre, afin de faire, alors, tous deux des hommes valides, au lieu de faire tous les deux, comme aujourd'hui, des infirmes. Ce qu'il y a de bon chez l'un doit être acquis par l'autre et réciproquement. Le jour n'est peut-être pas éloigné où le travail manuel et le travail intellectuel seront l'apanage de chacun. Il n'est pas si difficile d'y arriver qu'on le suppose. Seulement, «qui veut la fin doit vouloir les moyens».

Le prolétaire est trop abruti par la misère et les travaux forcés ; les excès de jeûnes et de boisson, de veille et de chômage l'ont trop énervé ; il est trop imbu de préjugés afflictifs et infâmants ; son front a trop plongé comme une éponge dans les eaux grasses, dans les rinçures de l'éducation bourgeoise ; trop de chaînes et de barrières, trop de lourds fardeaux et d'épaisses murailles ; trop d'obstacles, enfin, l'embarrassent encore pour qu'il puisse évolutionner journellement et sans secousse dans la voie du progrès scientifique et artistique. Ce n'est pas pacifiquement et régulièrement qu'il peut se compléter comme homme social, se révolutionner le cerveau. Il ne le peut qu'à l'aide d'une commotion anarchique qui mettrait en mouvement toutes ses fibres, et l'élèverait, par l'enthousiasme de tous vibrant dans chacun et de chacun vibrant dans tous, à un niveau de lucidité qui l'égalerait aux plus grandes intelligences et lui permettrait d'accomplir les plus grandes choses. Y a-t-il rien au monde de plus fourbe et de plus traître, de plus vil et de plus bas que le bourgeois ? Non, pensez-vous. Eh bien, si ! il y a l'affranchi, l'ouvrier qui travaille à son compte, le boutiquier en chambre, espèce informe du genre des besogneux, encore ouvrier par le bras et déjà boutiquier par la tête. Quoi de plus hideux et de plus repoussant, de plus horrible à voir et à connaître que cette sorte d'araignée humaine accroupie derrière les vitres d'une croisée et tissant sur son établi et dans sa tête les mailles de son exploitation, filet destiné à prendre le petit public, le public moucheron ? Il n'est pas de mensonges et de ruses ignobles que ce monstre à deux pattes, demi-prolétaire et demi-bourgeois, ne mette en œuvre pour vous attraper, vous cependant, son frère en misère et en production, mais vous aussi, son butin en qualité de consommateur. —Le commerce est ce que je connais de plus démoralisant, de plus flétrissant pour une société comme pour un individu. Un peuple, une caste ou un homme livré au mercantilisme, c'est un homme, une caste ou un peuple perdu ; c'est la gangrène au flanc de l'Humanité. Il n'y a pas à discuter devant de pareilles plaies, il faut y appliquer le fer rouge.

L'aristocrate est trop plein de vanité, trop bouffi de suffisance ; il est trop dorloté dans sa mollesse, trop chatouillé dans sa luxure, trop bien attablé dans sa gastronomie ; il est trop sûr de jouir avec impunité des faciles voluptés que procurent le rang et la richesse pour ne pas répugner à tout mouvement de production manuelle, à tout labeur physique. Cette inaction du bras influe nécessairement sur le cerveau et en paralyse le développement. L'aristocrate ne considère le prolétaire que comme un âne bon tout au plus à porter le bât ; et il ne s'aperçoit seulement pas qu'il n'est lui-même qu'une sorte de veau étendu pieds et poings liés, sur le dos de l'autre bête, et bon, tout au plus, à bêler en attendant l'abattoir.

L'aristocrate comme le prolétaire ne peuvent se régénérer que par un cataclysme. Jamais, tant que durera pour les masses l'esprit de lucre, le nécessiteux salaire et le petit négoce, le gain du jour et la peur du lendemain, le prolétaire ne pourra se sortir de son abê- tissement, de son avilissement. Et cependant, il faut qu'il en sorte. Jamais non plus, tant que durera leur indolente et insolente sécuri- té, l'aristocrate de naissance, et encore moins le bourgeois pensant ou le bourgeois pansu, le bourgeois parvenu, ne croiront s'honorer en se livrant à un travail manuel et productif, jamais ils ne s'y ré- soudront d'eux-mêmes. Et cependant il faut qu'ils deviennent des hommes, physiquement et intellectuellement. Il le faut, ou il faut qu'ils disparaissent. Mais le moyen ? Le moyen est bien simple. Quelle est la cause de leur inaction ? L'impunité dans laquelle ils vivent. Eh bien ! mettons chaque jour les jouissances de leur vie et leur vie elle-même en péril. Osons nous assimiler à tous ceux qui attentent à la vie et à la propriété des riches. En nous assimilant à eux, nous nous les assimilons, et conséquemment nous les morali- sons. Nous devenons ainsi une menace, un danger formidable. La guerre sociale prend des proportions quotidiennes et universelles. Il ne tombe pas un cheveu d'une tête, il n'est pas fait à la propriété la plus légère effraction que ce ne soit l'œuvre de la Révolution.

Joseph Déjacque

Nous nous complétons, nous, la plèbe des ateliers, d'un élément nouveau, la plèbe des bagnes. Tous les forçats ne font plus qu'un alors, tous les bras sont sous la même casaque, toutes les têtes dans le même bonnet. Chacun de nous pourra continuer à faire de la rébellion selon ses aptitudes ; et si l'emploi du monseigneur et du couteau nous répugne davantage que l'emploi de la barricade et du fusil, eh bien ! nous aurons du moins dans nos rangs des hommes spéciaux, des ouvriers façonnés à ces outils pour accomplir la farouche et sanglante tâche. Assassins et voleurs, guérillas des villes, insurgés solitaires, il faut que chacun d'eux ait conscience qu'en attaquant la société légale, en portant la perturbation chez les civilisés, ils agissent au nom «du plus sacré des droits et du plus indispensable des devoirs».—En élevant tous les attentats quotidiens, les attentats à la vie et à la propriété des riches à la hauteur d'une insurrection sociale, non seulement la révolution sévirait en permanence, mais encore elle deviendrait invincible. Rien ne pourrait lui résister. L'aristocrate mis ainsi en péril serait forcé de chercher un remède héroïque à un mal imminent. L'esprit de caste disparaîtrait pour faire place à l'esprit de conservation personnelle. Alors, et seulement alors, il pourrait lui venir à l'idée de se faire ouvrier, autant pour échapper à cette épidémie de ruine et de mort que pour obéir à un besoin nouveau pour lui, et qui ne pourrait manquer de se manifester chez les plus intelligents, le besoin de gagner, à la sueur de son corps, son droit à l'existence et à l'épanouissement de cette existence. D'aristocrate il se ferait homme. Son intelligence se développerait avec son bras. Et bientôt, au lieu de chercher à étouffer l'idée révolutionnaire et sociale, il serait le premier à l'activer, il marcherait de pair même avec les plus socialistes, les plus révolutionnaires des prolétaires. Le prolétaire lui ayant appris à travailler du bras, apprendrait de lui à travailler du cerveau ; le sentiment fraternitaire remplacerait chez l'un comme chez l'autre la sensation de la fratricidité. Il n'y aurait plus ici l'homme du front, l'invalide du bras, et là l'homme du bras, l'invalide du front, il y aurait l'homme du front et du bras tout à la fois, l'homme entier. Son cœur se grandirait de tout ce qu'il aurait acquis par le bras, de tout ce qu'il aurait acquis par le cerveau. L'être humain serait constitué, l'Humanité serait proche.

En médecine individuelle comme en science sociale, les palliatifs, les vieux et routiniers procédés n'ont jamais réussi à rendre un malade à la santé ; médicaments plus nuisibles qu'utiles, ils n'ont jamais produit que l'empirisme. Le corps social comme le corps humain souffrent d'une maladie qui s'aggrave chaque jour. Il n'y a qu'un moyen de les sauver, c'est de les traiter par un nouveau système, c'est d'employer l'homéopathie. L'oppression est entretenue par le vol et l'assassinat ; il faut la combattre par l'assassinat et le vol. On ne guérit le mal que par le mal. — Provoquons donc une crise terrible, une recrudescence du mal, afin que demain, au sortir de cette crise, l'Humanité, prenant possession de ses sens et entrant dans une ère de convalescence, puisse se nourrir le cœur et le cerveau du suc des idées fraternelles et sociales, et que, rendue enfin à la santé et forte de ses mouvements, elle témoigne alors de la libre et généreuse circulation de tous ses fluides nutritifs, de toutes ses forces productives, par une physionomie rayonnante de bonheur !

Ce square ou phalanstère, je l'appellerai désormais Humanisphère, et cela à cause de l'analogie de cette constellation humaine avec le groupement et le mouvement des astres, organisation attractive, anarchie passionnelle et harmonique. Il y a l'Humanisphère simple et l'humanisphère composé, c'est-à-dire l'Humanisphère considéré dans son individualité, ou monument et groupe embryonnaires, et l'humanisphère considéré dans sa collectivité, ou monument et groupe harmoniques. Cent humanisphères simples groupés autour d'un cyclidéon forment le premier anneau de cette chaîne sériaire et prennent le nom de « Humanisphère communal ». Tous les humanisphères communaux d'un même continent forment le premier maillon de cette chaîne et prennent le nom de « Humanisphère continental ». La réunion de tous les humanisphères continentaux forme le complément de la chaîne sériaire et prend le nom de « Humanisphère universel ».

L'Humanisphère simple est un bâtiment composé de douze ailes soudées les unes aux autres et simulant l'étoile (celui du moins dont j'entreprends ici la description, car il y en a de toutes les formes, la diversité étant une condition de l'harmonie). Une partie est réservée aux appartements des hommes et des femmes. Ces appartements sont tous séparés par des murailles que ne peuvent percer ni la voix ni le regard, cloisons qui absorbent la lumière et le bruit, afin que chacun soit bien chez soi et puisse y rire, danser, chanter, faire de la musique même (ce qui n'est pas toujours amusant pour l'auditeur forcé), sans incommoder ses voisins et sans être incommodé par eux. Une autre partie est disposée pour l'appartement des enfants. Puis viennent les cuisines, la boulangerie, la boucherie, la poissonnerie, la laiterie, la légumerie ; puis la buanderie, les machines à laver, à sécher, à repasser, la lingerie ; puis les ateliers pour tout ce qui a rapport aux diverses industries, les usines de toutes sortes ; les magasins de vivres et les magasins de matières premières et d'objets confectionnés. Ailleurs ce sont les écuries et les étables pour quelques animaux de plaisance qui le jour errent en liberté dans le parc intérieur, et avec lesquels jouent au cavalier ou au cocher les petits enfants ou les grandes personnes ; auprès sont les remises pour les voitures de fantaisie ; à la suite vient la sellerie, les hangars des outils et des locomotives, des instruments aratoires. Ici est le débarcadère des petites et grandes embarcations aériennes. Une monumentale plate-forme leur sert de bassin. Elles y jettent l'ancre à leur arrivée et la relèvent à leur départ. Plus loin ce sont les salles d'études pour tous les goûts et pour tous les âges, — mathématiques, mécanique, physique, anatomie, astronomie, — l'observatoire ; les laboratoires de chimie ; les serres chaudes, la botanique ; le musée d'histoire naturelle, les galeries de peinture, de sculpture ; la grande bibliothèque. Ici ce sont les salons de lecture, de conversation, de dessin, de musique, de danse, de gymnastique. Là, c'est le théâtre, les salles de spectacles, de concerts ; le manège, les arènes de l'équitation ; les salles du tir, du jeu de billard et de tous les jeux d'adresse ; les salles de divertissement pour les jeunes enfants, le foyer des jeunes mères ; puis les grands salons de réunion, les salons du réfectoire, etc, etc. Puis enfin vient le lieu où l'on s'assemble pour traiter les questions d'organisation sociale. C'est le petit cyclidéon, club ou forum particulier à l'humanisphère. Dans ce parlement de l'anarchie, chacun est le représentant de soi-même et le pair des autres. Oh ! c'est bien différent de chez les civilisés ; là, on ne pérore pas, on ne dispute pas, on ne vote pas, on ne légifère pas, mais tous jeunes ou vieux, hommes ou femmes, confèrent en commun des besoins de l'humanisphère. L'initiative individuelle s'accorde ou se refuse à soi-même la parole, selon qu'elle croit utile ou non de parler. Dans cette enceinte, il y a un bureau, comme de juste. Seulement, à ce bureau, il n'y a pour toute autorité que le livre des statistiques. Les humanisphériens trouvent que c'est un président éminemment impartial et d'un laconisme fort éloquent. Aussi n'en veulent-ils pas d'autres.

Les appartements des enfants sont de grands salons en enfilades, éclairés par le haut, avec une rangée de chambres de chaque côté. Cela rappelle, mais dans des proportions bien autrement grandioses, les salons et cabines des magnifiques steamboats américains. Chaque enfant occupe deux cabinets contigus, l'un à coucher, l'autre d'étude, et où sont placés, selon son âge et ses goûts, ses livres, ses outils ou ses jouets de prédilection. Des veilleurs de jour et de nuit, hommes et femmes, occupent des cabinets de vigilance on sont placés des lits de repos. Ces veilleurs contemplent avec sollicitude les mouvements et le sommeil de toutes ces jeunes pousses humaines, et pourvoient à tous leurs désirs, à tous leurs besoins. Cette garde, du reste, est une garde toute volontaire que montent et que descendent librement ceux qui ont le plus le sentiment de la paternité ou de la maternité. Ce n'est pas une corvée commandée par la discipline et le règlement, il n'y a dans l'Humanisphère d'autre règle et d'autre discipline que la volonté de chacun ; c'est un élan tout spontané, comme le coup d'œil d'une mère au chevet de son enfant. C'est à qui leur témoignera le plus d'amour, à ces chers petits êtres, à qui jouira le plus de leurs enfantines caresses. Aussi ces enfants sont-ils tous de charmants enfants. La mutualité est leur humaine éducatrice. C'est elle qui leur enseigne l'échange des doux procédés, elle qui en fait des émules de propreté, de bonté, de gentillesse, elle qui exerce leurs aptitudes physiques et morales, elle qui développe en eux les appétits du cœur, les appétits du cerveau ; elle qui les guide aux jeux et à l'étude ; elle enfin qui leur apprend à cueillir les roses de l'instruction et de l'éducation sans s'égratigner aux épines.

Les caresses, voilà tout ce que chacun recherche, l'enfant comme l'homme, l'homme comme le vieillard. Les caresses de la science ne s'obtiennent pas sans travail du front, sans dépense d'intelligence, et les caresses de l'amour sans travail du cœur, sans dépense de sentiment. L'homme-enfant est un diamant brut. Son frottement avec ses semblables le polit, il le taille et le forme en joyau social. C'est, à tous les âges, un caillou dont la société est la meule et dont l'égoïsme individuel est le lapidaire. Plus il est en contact avec les autres et plus il en reçoit d'impressions qui multiplient à son front comme à son cœur les passionnelles facettes, d'où jaillissent les étincelles du sentiment et de l'intelligence. Le Diamant naît emmailloté d'une croûte opaque et rude. Il ne devient réellement pierre précieuse, il ne se montre diaphane, il ne brille à la lumière que débarrassé de cette âpre croûte. L'homme est comme la pierre précieuse, il ne passe à l'état de brillant qu'après avoir usé, sur tous les sens et par tous ses sens, sa croûte d'ignorance, son âpre et immonde virginité.

Dans l'Humanisphère les tous jeunes enfants apprennent à sourire à qui leur sourit, à embrasser qui les embrasse, à aimer qui les aime. S'ils sont maussades pour qui est aimable envers eux, bientôt la privation des baisers leur apprendra qu'on n'est pas maussade impunément, et rappellera l'amabilité sur leurs lèvres. Le sentiment de la réciprocité se grave ainsi dans leurs petits cerveaux. Les adultes apprennent entre eux à devenir humainement et socialement des hommes. Si l'un d'eux veut abuser de sa force envers un autre, il a aussitôt tous les joueurs contre lui, il est mis au ban de l'opinion juvénile, et le délaissement de ses camarades est une punition bien plus terrible et bien plus efficace que ne le serait la réprimande officielle d'un pédagogue. Dans les études scientifiques et professionnelles, s'il en est un dont l'ignorance relative fasse ombre au milieu des écoliers de son âge, c'est pour lui un bonnet d'âne bien plus lourd à porter que ne le serait la perruque de papier infligée par un jésuite de l'Université ou un universitaire du Sacré Collège. Aussi a-t-il hâte de se réhabiliter, et s'efforce-t-il de reprendre sa place au niveau des autres. Dans l'enseignement autoritaire, le martinet et le pensum peuvent bien meurtrir le corps et le cerveau des élèves, dégrader l'œuvre de la nature humaine, faire acte de vandalisme ; ils ne sauraient modeler des hommes originaux, types de grâce et de force, d'intelligence et d'amour. Il faut pour cela l'inspiration de cette grande artiste qui s'appelle la Liberté.

Les adultes occupent presque toujours leur logement durant la nuit. Cependant il arrive, mais rarement, si l'un d'eux, par exemple, passe la soirée chez sa mère et s'y attarde, qu'il y demeure jusqu'au lendemain matin. Les appartements des grandes personnes étant composés, comme l'on sait, de deux chambres à coucher, libre, à eux de se le partager, si c'est à la convenance de la mère et de l'enfant. Ceci est l'exception, la coutume générale est de se séparer à l'heure du sommeil : la mère reste en possession de son appartement, l'enfant retourne coucher à son dortoir. Dans ces dortoirs au surplus, les enfants ne sont pas plus tenus que les grandes personnes de conserver toujours le même compartiment ; ils en changent au gré de leur volonté. Il n'y a pas non plus de places spéciales pour les garçons ou pour les filles ; chacun fait son nid où il veut : seules les attractions en décident. Les plus jeunes se casent généralement pêle-mêle. Les plus âgés, ceux qui approchent de la puberté, se groupent généralement par sexes ; un admirable instinct de pudeur les éloigne pendant la nuit l'un de l'autre. Nulle inquisition, du reste, n'inspecte leur sommeil. Les veilleurs n'ont rien à faire là, les enfants étant assez grands pour se servir eux-mêmes. Ceux-ci trouvent, sans sortir de leur demeure, l'eau, le feu, la lumière, les sirops et les essences dont ils peuvent avoir besoin. Le jour, filles et garçons se retrouvent ou aux champs ou dans les salles d'étude ou dans les ateliers ; réunis et stimulés au travail par ces exercices en commun, et y prenant part sans distinction de sexe et sans fixité régulière dans leurs places ; n'agissant toujours que selon leurs caprices.

Quant à ces logements, je n'ai pas besoin d'ajouter que rien n'y manque, ni le confortable, ni l'élégance. Ils sont décorés et meublés avec opulence mais avec simplicité. Le bois de noyer, le bois de chêne, le marbre, la toile cirée, les nattes de joncs, les toiles perses, les toiles écrues rayées, couleur sur couleur, ou coutils de nuances douces, les peintures à l'huile et les tentures de papier verni en forment l'ameublement et la décoration. Tous les accessoires sont en porcelaine, en terre cuite, en grès, en étain et quelques-uns en argent.

Pour les enfants les plus jeunes, la grande salle est sablée comme un manège et sert d'arène à leurs vacillantes évolutions. Tout autour est un gros et large bourrelet en maroquin, rembourré et encadré dans des montures en bois verni. C'est ce qui tient lieu de lambris. Au-dessus du lambris, dans des panneaux divisés par compartiments, sont des fresques représentant les scènes jugées les plus capables d'éveiller l'imagination des enfants. Le plafond est en cristal et en fer. Le jour vient du haut. Il y a, de plus, des ouvertures ménagées sur les côtés. Pendant la nuit, des candélabres et des lustres y répandent leur lumière. Chez les plus âgés, le plancher est recouvert de toile cirée, de nattes ou de tapis. La décoration des parois est appropriée à leur intelligence. Des tables, placées au milieu des diverses salles, sont chargées d'albums et de livres pour tous les âges et pour tous les goûts, de boites de jeux et de nécessaires d'outils ; enfin d'une multitude de jouets servant d'études et d'études servant de jouets.

De nos jours encore, foule de gens, — de ceux-là même qui sont partisans de larges réformes, — inclinent à penser que rien ne peut s'obtenir que par l'autorité, tandis que le contraire seul est vrai. C'est l'autorité qui fait obstacle à tout. Le progrès dans les idées ne s'impose pas par des décrets, il résulte de l'enseignement libre et spontané des hommes et des choses. L'instruction obligatoire est un contresens. Qui dit instruction dit liberté. Qui dit obligation dit servitude. Les politiques ou les jésuites peuvent vouloir imposer l'instruction, c'est affaire à eux, car l'instruction autoritaire, c'est l'abêtissement obligatoire. Mais les socialistes ne peuvent vouloir que l'étude et l'enseignement anarchistes, la liberté de l'instruction, afin d'avoir l'instruction de la liberté. L'ignorance est ce qu'il y a de plus antipathique à la nature humaine. L'homme, à tous les moments de la vie, et surtout l'enfant, ne demande pas mieux que d'apprendre ; il y est sollicité par toutes ses aspirations. Mais la société civilisée, comme la société barbare, comme la société sauvage, loin de lui faciliter le développement de ses aptitudes ne sait que s'ingénier à les comprimer. La manifestation de ses facultés lui est imputée à crime, enfant, par l'autorité paternelle ; homme, par l'autorité gouvernementale. Privés des soins éclairés, du baiser vivifiant de la Liberté (qui en eût fait une race de belles et fortes intelligences) l'enfant comme l'homme croupissent dans leur ignorance originelle, se vautrent dans la fiente des préjugés, et, nains par le bras, le cœur et le cerveau, produisent et perpétuent, de génération en génération, cette uniformité de crétins difformes qui n'ont de l'être humain que le nom.

L'enfant est le singe de l'homme, mais le singe perfectible. Il reproduit tout ce qu'il voit faire, mais plus ou moins servilement, selon que l'intelligence de l'homme est plus ou moins servile, plus ou moins en enfance. Les angles les plus saillants du masque viril, voilà ce qui frappe tout d'abord son entendement. Que l'enfant naisse chez un peuple de guerriers, et il jouera au soldat ; il aimera les casques de papier, les canons de bois, les pétards et les tambours. Que ce soit chez un peuple de navigateurs, et il jouera au marin ; il fera des bateaux avec des coquilles de noix et les fera aller sur l'eau. Chez un peuple d'agriculteurs, il jouera au petit jardin, il s'amusera avec des bêches, des râteaux, des brouettes. S'il a sous les yeux un chemin de fer, il voudra une petite locomotive ; des outils de menuisier, s'il est près d'un atelier de menuiserie. Enfin, il imitera, avec une égale ardeur, tous les vices comme toutes les vertus dont la société lui donnera le spectacle. Il prendra l'habitude de la brutalité, s'il est avec des brutes ; de l'urbanité s'il est avec des gens polis. Il sera boxeur avec John Bull, il poussera des hurlements sauvages avec Jonathan. Il sera musicien en Italie, danseur en Espagne. Il grimacera et gambadera à tous les unissons, marqué au front et dans ses mouvements du sceau de la vie industrielle, artistique ou scientifique, s'il vit avec des travailleurs de l'industrie, de l'art ou de la science : ou bien, empreint d'un cachet de dévergondage et de désoeuvrement, s'il n'est en contact qu'avec les oisifs et les parasites.

La société agit sur l'enfant et l'enfant réagit ensuite sur la société. Ils se meuvent solidairement et non à l'exclusion l'un de l'autre. C'est donc à tort que l'on a dit que, pour réformer la société, il fallait d'abord commencer par réformer l'enfance. Toutes les réformes doivent marcher de pair.

L'enfant est un miroir qui réfléchit l'image de la virilité. C'est la plaque de zinc où, sous le rayonnement des sensations physiques et morales, se daguerréotypent les traits de l'homme social. Et ces traits se reproduisent chez l'un d'autant plus accentués qu'ils sont plus en relief chez l'autre. L'homme, comme le curé à ses paroissiens, aura beau dire à l'enfant : «Fais ce que je te dis et non pas ce que je fais.» L'enfant ne tiendra pas compte des discours, si les discours ne sont pas d'accord avec les actions. Dans sa petite logique, il s'attachera surtout à suivre votre exemple ; et, si vous faites le contraire de ce que vous lui dites, il sera le contraire de ce que vous lui avez prêché. Vous pourrez alors parvenir à en faire un hypocrite, vous n'en ferez jamais un homme de bien.

Dans l'Humanisphère, l'enfant n'a que de bons et beaux exemples sous les yeux. Aussi croît-il en bonté et en beauté. Le progrès lui est enseigné par tout ce qui tombe sous ses sens, par la voix et par le geste, par la vue et par le toucher. Tout se meut, tout gravite autour de lui dans une perpétuelle effluve de connaissances, sous un ruissellement de lumière. Tout exhale les plus suaves sentiments, les parfums les plus exquis du cœur et du cerveau. Tout contact y est une sensation de plaisir, un baiser fécond en de prolifiques voluptés. La plus grande jouissance de l'homme, le travail, y est devenu une série d'attraits par la liberté et la diversité des travaux et se répercute de l'un à l'autre dans une immense et incessante harmonie. Comment, dans un pareil milieu, l'enfant pourrait-il ne pas être laborieux, studieux ? Comment pourrait-il ne pas aimer à jouer à la science, aux arts, à l'industrie, ne pas s'essayer, dès l'âge le plus tendre, au maniement de ses forces productives ? Comment pourrait-il résister au besoin inné de tout savoir, au charme toujours nouveau de s'instruire ? Répondre autrement que par l'affirmative, ce serait vouloir méconnaître la nature humaine.

Voyez l'enfant des civilisés même, le petit du bonnetier ou de l'épicier ; voyez-le au sortir du logis, à la promenade ; aperçoit-il une chose dont il ne connaissait pas l'existence ou dont il ne comprend pas le mécanisme, un moulin, une charrue, un ballon, une locomotive : aussitôt il interroge son conducteur, il veut connaître le nom et l'emploi de tous les objets. Mais, hélas ! bien souvent en civilisation, son conducteur, ignorant de toutes les sciences ou préoccupé d'intérêts mercantiles, ne peut ou ne veut lui donner les explications qu'il sollicite. Si l'enfant insiste, on le gronde, on le menace de ne plus le faire sortir une autre fois. On lui ferme ainsi la bouche, on arrête violemment l'expansion de son intelligence, on la musèle. Et quand l'enfant a été bien docile tout le long du chemin, qu'il s'est tenu coi dans sa peau, et n'a pas ennuyé papa et maman de ses importunes questions ; quand il s'est laissé conduire sournoisement ou idiotement par la main, comme un chien en laisse ; alors on lui dit qu'il a été bien sage, bien gentil, et, pour le récompenser, on lui achète un soldat de plomb ou un bonhomme de pain d'épice. Dans les sociétés bourgeoises cela s'appelle former l'esprit des enfants. — Oh ! l'autorité ! oh ! la petite famille !… Et personne sur les pas de ce père ou de cette mère pour crier : Au meurtre ! au viol ! à l'infanticide !…

Sous l'aile de la liberté, au sein de la grande famille, au contraire, l'enfant, ne trouvant partout chez ses aînés, hommes ou femmes, que des éducateurs disposés à l'écouter et à lui répondre, apprend vite à connaître le pourquoi et le comment des choses. La notion du juste et de l'utile prend ainsi racine dans son juvénile entendement et lui prépare d'équitables et intelligents jugements pour l'avenir.

Chez les civilisés, l'homme est un esclave, un enfant en grand, une perche qui manque de sève, un pieu sans racine et sans feuillage, une intelligence avortée. Chez les humanisphériens, l'enfant est un homme libre en petit, une intelligence qui pousse et dont la jeune sève est pleine d'exubérance.

Les enfants en bas âge ont naturellement leur berceau chez leur mère ; et toute mère allaite son enfant. Aucune femme dans l'Humanisphère ne voudrait se priver des douces attributions de la maternité. Si l'ineffable amour de la mère pour le petit être à qui elle a donné le jour ne suffisait pas à la déterminer d'en être nourrice, le soin de sa beauté, l'instinct de sa propre conservation le lui dirait encore. De nos jours, pour avoir tari la source de leur lait, il y a des femmes qui en meurent, toutes y perdent quelque chose de leur santé, quelque chose de leur ornement.

La femme qui fait avorter sa mamelle commet une tentative d'infanticide que la nature réprouve à l'égal de celle qui fait avorter l'organe de la génération. Le châtiment suit de près la faute. La nature est inexorable. Bientôt le sein de cette femme s'étiole, dépérit et témoigne, par une hâtive décrépitude, contre cet attentat commis sur ses fonctions organiques, attentat de lèse-maternité. Quoi de plus gracieux qu'une jeune mère donnant le sein à son enfant, lui prodiguant les caresses et les baisers ? Ne fût-ce que par coquetterie, toute femme devrait allaiter son enfant. Et puis n'est-ce donc rien de suivre jour par jour les phases de développement de cette jeune existence, d'alimenter à la mamelle la sève de ce brin d'homme, d'en suivre les progrès continus, de voir ce bouton humain croître, et s'embellir sous les rayons de la tendresse maternelle, comme le bouton de fleur à la chaleur du soleil, et s'y entrouvrir enfin de plus en plus, jusqu'à ce qu'il s'épanouisse sur sa tige dans toute la grâce de son sourire et la pureté de son regard, dans toute la charmante naïveté de ses premiers pas ? La femme qui ne comprend pas de pareilles jouissances n'est pas femme. Son cœur est une lyre dont les fibres sont brisées. Elle peut avoir conservé l'apparence humaine, elle n'en a plus la poésie. Une moitié de mère ne sera jamais qu'une moitié d'amante.

Dans l'humanisphère, toute femme a les vibrations de l'amour. La mère comme l'amante tressaillent avec volupté à toutes les brises des humaines passions. Leur cœur est un instrument complet, un luth où pas une corde ne manque ; et le sourire de l'enfant comme le sourire de l'homme aimé y éveille toujours de suaves émotions. Là, la maternité est bien la maternité, et les amours sexuelles de véritables amours. D'ailleurs, ce travail de l'allaitement, comme tous les autres travaux d'alors, est bien plutôt un jeu qu'une peine. La science a détruit ce qui est le plus répugnant dans la production, et ce sont des machines à vapeur ou à électricité qui se chargent de toutes les grossières besognes. Ce sont elles qui lavent les couches, nettoient le berceau et préparent les bains. Et ces négresses de fer agissent toujours avec docilité et promptitude. Leur service répond à tous les besoins. C'est par leurs soins que disparaissent toutes les ordures, tous les excréments ; c'est leur rouage infatigable qui s'en empare et les livre en pâture à des conduits de fonte, boas souterrains qui les triturent et les digèrent dans leurs ténébreux circuits, et les déjectent ensuite sur les terres labourables comme un précieux engrais. C'est cette servante à tout faire qui se charge de tout ce qui concerne le ménage ; elle qui arrange les lits, balaye les planchers, époussette les appartements. Aux cuisines, c'est elle qui lave la vaisselle, récure les casseroles, épluche ou ratisse les légumes, taille la viande, plume et vide la volaille, ouvre les huîtres, gratte et lave le poisson, tourne la broche, scie et casse le bois, apporte le charbon et entretient le feu. C'est elle qui transporte le manger à domicile ou au réfectoire commun ; elle qui sert et dessert la table. Et tout se fait par cet engrenage domestique, par cette esclave aux mille bras, au souffle de feu, aux muscles d'acier, comme par enchantement. Commandez, dit-elle à l'homme, et vous serez obéi. Et tous les ordres qu'elle reçoit sont ponctuellement exécutés. Un humanisphérien veut-il se faire servir à dîner dans sa demeure particulière, un signe suffit, et la machine de service se met en mouvement ; elle a compris. Préfère-t-il se rendre aux salons du réfectoire, un wagon abaisse son marchepied, un fauteuil lui tend les bras, l'équipage roule et le transporte à destination. Arrivé au réfectoire, il prend place où bon lui semble, à une grande ou à une petite table, et y mange selon son goût. Tout y est en abondance.

Les salons du réfectoire sont d'une architecture élégante, et n'ont rien d'uniforme dans leurs décorations. Un de ces salons était tapissé de cuir repoussé encadré d'une ornementation en bronze et or. Les portes et les croisées avaient des tentures orientales fond noir à arabesques d'or, et bardé en travers de larges bandes de couleurs tranchantes. Les meubles étaient en bois de noyer sculpté, et garnis d'étoffe pareille aux tentures. Au milieu de la salle était suspendue, entre deux arcades, une grande horloge. C'était tout à la fois une Bacchante et une Cérès en marbre blanc, couchée sur un hamac en mailles d'acier poli. D'une main elle agaçait avec une gerbe de blé un petit enfant qui piétinait sur elle, de l'autre elle tenait une coupe qu'elle élevait à longueur de son bras au-dessus de sa tête, comme pour la disputer à l'enfant mutin qui cherchait à s'emparer en même temps et de la coupe et de la gerbe. La tête de la femme, couronnée de pampres et d'épis, était renversée sur un baril de porphyre qui lui servait d'oreiller, des gerbes de blé en or gisaient sous ses reins et lui formaient litière. Le baril était le cadran où deux épis d'or marquaient les heures. Le soir, une flamme s'épanchait de la coupe comme une liqueur de feu. Des pampres en bronze, qui grimpaient à la voûte et couraient sur le plafond, dardaient des flammes en forme de feuilles de vigne, faisaient un berceau de lumière au-dessus de ce groupe et en éclairaient tous les contours. Des grappes de raisin à grains de cristal pendaient à travers le feuillage et scintillaient au milieu de ces ondoyantes clartés.

Sur la table, la porcelaine et le stuc, le porphyre et le cristal, l'or et l'argent recelaient la foule des mets et des vins, et étincelaient au reflet des lumières. Des corbeilles de fruits et de fleurs offraient à chacun leur saveur et leur senteur. Hommes et femmes échangeaient des paroles et des sourires, et assaisonnaient leur repas de spirituelles causeries.

AVIS. — Ayant en mains une centaine de collections complètes du LIBERTAIRE, nous prévenons les nouveaux abonnés que nous pouvons encore expédier tous les numéros parus à ceux qui en feraient la demande.

Joseph Déjacque

Le repas fini, l'on passe dans d'autres salons d'une décoration non moins splendide, mais plus coquette, où l'on prend le café, les liqueurs, les cigarettes ou les cigares ; salons-cassolettes où brûlent et fument tous les aromates de l'Orient, toutes les essences qui plaisent au goût, tous les parfums qui charment l'odorat, tout ce qui caresse et active les fonctions digestives, tout ce oui huile l'engrenage physique, et, par suite, accélère le développement des fonctions mentales. Tel savoure, en foule ou à l'écart, les vaporeuses bouffées du tabac les capricieuses rêveries ; tel autre honte, en compagnie de deux ou trois amis, les odorantes gorgées de café ou de cognac, boit en choquant le verre, le champagne au doux pétillement, fraternise avec tous ces excitements à la lucidité ; celui-ci parle science ou écoute, verse ou puise dans un groupe les distillations nutritives du savoir, offre ou accepte les fruits spiritualisés de la pensée ; celui-là cueille en artiste dans un petit cercle les fines fleurs de la conversation, critique une chose, en loue une autre, et donne un libre cours à toutes les émanations de sa mélancolique ou riante humeur. Si c'est après le déjeuner, chacun s'en va bientôt isolément ou par groupes à son travail ; les uns à la cuisine, les autres aux champs ou aux divers ateliers. Nulle contrainte réglementaire ne pèse sur eux, aussi vont-ils au travail comme à une partie de plaisir. Le chasseur, couché dans un lit bien chaud, ne se lève-t-il pas de lui-même pour aller courir les bois remplis de neige ? C'est l'attrait aussi qui les fait se lever de dessus les sofas et les conduit, à travers les fatigues, mais en société de vaillants compagnons et de charmantes compagnes, au rendez-vous de la production. Les meilleurs travailleurs s'estiment les plus heureux. C'est à qui se distinguera parmi les plus laborieux, à qui fournira les plus beaux coups d'outil.

Après dîner, on passe des salons de café soit aux grands salons de conversation, soit aux petites réunions intimes, ou soit encore aux différents cours scientifiques, ou bien aux salons de lecture, de dessin, de musique, de danse, etc., etc. Et toujours librement, volontairement, capricieusement, pour l'initiateur comme pour l'adepte, pour l'étude comme pour l'enseignement. Il se trouve toujours et tout naturellement des professeurs pour les élèves, et des élèves pour les professeurs. Toujours un appel provoque une réponse ; toujours une satisfaction réplique à un besoin. L'homme

80

propose et l'homme dispose. De la diversité des désirs résulte l'harmonie. Les salles des cours d'études scientifiques et les salons d'études artistiques, comme les spacieux salons de réunion, sont magnifiquement ornés. Les salles des cours sont bâties en amphithéâtre, et les gradins, construits en marbre, sont garnis de stalles en velours. De chaque côté est une salle pour les rafraîchissements. La décoration de ces amphithéâtres est d'un style sévère et riche. Dans les salons de loisir, le luxe étincelle avec profusion. Ces salons communiquent les uns dans les autres, et pourraient facilement contenir dix mille personnes. L'un d'eux était décoré ainsi : lambris, corniches et pilastres en marbre blanc, avec ornementation en cuivre doré. Les tentures dans les panneaux étaient en damas de soie de couleur solitaire et avaient pour bordure intérieure une lézarde en argent sur laquelle étaient posés, en guise de clous dorés, une multitude de faux diamants. Un champ de satin rose séparait la bordure du pilastre. Le plafond était à compartiments, et du sein des ornements s'échappaient des jets de flamme qui figuraient des dessins et complétaient la décoration, tout en servant à l'éclairage ; du milieu des pilastres jaillissaient aussi des arabesques de lumières. Au milieu du salon était une jolie fontaine en bronze, or et marbre blanc ; cette fontaine était aussi une horloge. Une coupole en bronze et or servait de support à un groupe en marbre blanc représentant une Eve mollement couchée sur un lit de feuilles et de fleurs, la tête appuyée sur un rocher, et élevant entre ses mains son enfant qui vient de naître ; deux colombes, placées sur le rocher, se becquetaient ; le rocher servait de cadran, et deux aiguilles en or, figurant des serpents, marquaient les heures. Derrière le rocher on voyait un bananier en or dont les branches, chargées de fruits, se penchaient au-dessus du groupe. Les bananes étaient formées par des jets de lumière.

Une artistique cheminée en marbre blanc et or servait de socle à une immense glace ; des glaces ou des tableaux de choix étaient aussi suspendus dans tous les panneaux au milieu des tentures de soie brune. Les portes et les fenêtres, dans ce salon comme partout dans l'Humanisphère, ne s'ouvrent pas au moyen de charnières, ni de bas en haut, mais au moyen de coulisses à ressort ; elles rentrent de droite à gauche et de gauche à droite dans les murailles disposées à cet effet.

Joseph Déjacque

De cette manière les battants ne gênent personne et on peut ouvrir portes et fenêtres aussi grandes ou aussi petites que l'on veut.

Plusieurs fois par semaine, il y a spectacle au théâtre. On y représente des pièces lyriques, des drames, des comédies, mais tout cela bien différent des pauvretés qui se jouent sur les scènes de nos jours. C'est, dans un magnifique langage, la critique des tendances à l'immobilisation, une aspiration vers l'idéal avenir.

Il y a aussi le gymnase où l'ont fait assaut de force et d'agilité ; le manège ou écuyers et écuyères rivalisent de grâce et de vigueur et excellent à conduire, debout sur leurs croupes, les chevaux et les lions galopant ou bondissant dans l'arène ; les salles de tir au pistolet et à la carabine et les salles de billards ou autres jeux où les amateurs exercent leur adresse.

S'il fait beau temps, il y a de plus les promenades dans le parc splendidement illuminé ; les concerts à la belle étoile, les amusements champêtres, les excursions au loin dans la campagne, à travers les forêts solitaires, les plaines et les montagnes agrestes, où l'on rencontre, à de certaines distances, des grottes et des chalets où l'on peut se rafraîchir et collationner. Des embarcations aériennes ou des wagons de chemin de fer locomotionnent au gré de leur leurs caprices ces essaims de promeneurs.

A la fin de la journée, chacun rentre chez soi, l'un pour y résumer ses impressions du jours avant de se livrer au repos ; l'autre pour y attendre ou pour y trouver la personne aimée. Le matin, amants et amantes se séparent mystérieusement en échangeant un baiser, et reprennent, chacun selon son goût, le chemin de leurs occupations multiples. La variété des jouissances en exclut la satiété. Le bonheur est pour eux de tous les instants.

Environ une fois par semaine, plus ou moins, selon qu'il est nécessaire, on s'assemble à la salle des conférences, autrement dit le petit cyclidéon interne. On y cause des grands travaux à exécuter. Ceux qui sont le plus versés dans les connaissances spécialement en question, y prennent l'initiative de la parole. Les statistiques d'ailleurs, les projets, les plans, ont déjà paru dans les feuilles imprimées, dans les journaux ; ils ont déjà été commentés en petits groupes ; l'urgence en a généralement été reconnue ou repoussée par chacun individuellement. Aussi n'y a-t-il bien souvent qu'une

82

voix, la voix unanime, pour l'acclamation ou le rejet. On ne vote pas ; la majorité ou la minorité ne fait jamais loi. Que telle ou telle proposition réunisse un nombre suffisant de travailleurs pour l'exécuter, que ces travailleurs soient la majorité ou la minorité, et la proposition s'exécute, si telle est la volonté de ceux qui y adhèrent. Et le plus souvent il arrive que la majorité se rallie à la minorité, ou la minorité à la majorité. Comme dans une partie de campagne, les uns proposent d'aller à Saint-Germain, les autres à Meudon, ceux-ci à Sceaux et ceux-là à Fontainebleau ; les vais se partagent ; puis en fin de compte chacun cède à l'attrait de se trouver réuni aux autres. Et tous ensemble prennent d'un, commun accord la même route, sans qu'aucune autorité autre que celle du plaisir les ait gouvernés. L'attraction est toute la loi de leur harmonie. Mais, au point de départ comme en route, chacun est toujours libre de s'abandonner à son caprice, de faire bande à part si cela lui convient, de rester en chemin, s'il est fatigué, ou de prendre le chemin du retour s'il s'ennuie. La contrainte est la mère de tous les vices. Aussi est-elle bannie par la raison, du territoire de l'Humanisphère. L'égoïsme bien entendu, l'égoïsme intelligent y est trop développé pour que personne songe à violenter son prochain. Et c'est par égoïsme qu'ils font échange de bons procédés.

L'égoïsme, c'est l'homme : sans l'égoïsme, l'homme n'existerait pas. C'est l'égoïsme qui est le mobile de toutes ses actions, le moteur de toutes ses pensées. C'est lui qui le fait songer à sa conservation et à son développement qui est encore sa conservation. C'est l'égoïsme qui lui enseigne à produire pour consommer, à plaire aux autres pour en être agréé, à aimer les autres pour être aimé d'eux, à travailler pour les autres, afin que les autres travaillent pour lui. C'est l'égoïsme qui stimule son ambition et l'excite à se distinguer dans toutes les carrières où l'homme fait acte de force, d'adresse, d'intelligence. C'est l'égoïsme qui l'élève à la hauteur du génie ; c'est pour se grandir, c'est pour élargir le cercle de son influence que l'homme porte haut son front et loin son regard ; c'est en vue de satisfactions personnelles qu'il marche à la conquête des satisfactions collectives. C'est pour soi, individu, qu'il veut participer à la vive effervescence du bonheur général ; c'est pour soi qu'il redoute l'image des souffrances d'autrui. C'est pour soi encore qu'il s'émeut lorsqu'un autre est en péril, c'est à soi qu'il porte secours en portant se-

Joseph Déjacque

cours aux autres. Son égoïsme, sans cesse aiguillonné par l'instinct de sa progressive conservation et par le sentiment de solidarité qui le lie à ses semblables, — le sollicite à de perpétuelles émanations de son existence dans l'existence des autres. C'est ce que la vieille société appelle improprement du dévouement et ce qui n'est que de la spéculation, spéculation d'autant plus humanitaire qu'elle est plus intelligente, d'autant plus humanicide qu'elle est plus imbécile. L'homme en société ne récolte que ce qu'il sème : la maladie s'il sème la maladie, la santé s'il sème la santé. L'homme est la cause sociale de tous les effets que socialement il subit. S'il est fraternel, il effectuera la fraternité chez les autres ; s'il est fratricide, il effectuera chez les autres la fratricidité. Humainement il ne peut faire un mouvement, agir du bras, du cœur ou du cerveau, sans que la sensation s'en répercute de l'un à l'autre comme une commotion électrique. Et cela a lieu à l'état de communauté anarchique, à l'état de libre et intelligente nature, comme à l'état de civilisation, à l'état d'homme domestiqué, de nature enchaînée. Seulement, en civilisation, l'homme étant institutionnellement en guerre avec l'homme, ne peut que jalouser le bonheur de son prochain et hurler et mordre à son détriment. C'est un dogue à l'attache, accroupi dans sa niche et rongeant son os en grognant une féroce et continuelle menace. En anarchie, l'homme étant harmoniquement en paix avec ses semblables, ne saurait que rivaliser de passions avec les autres pour arriver à la possession de l'universel bonheur. Dans l'Humanisphère, ruche où la liberté est reine, l'homme ne recueillant de l'homme que des parfums, ne saurait produire ne du miel. — Ne maudissons donc pas l'égoïsme, car maudire l'égoïsme, c'est maudire l'homme. La compression de nos passions est la seule cause de leurs effets désastreux. L'homme comme la société sont perfectibles. L'ignorance générale, telle a été la cause fatale de tous nos maux, la science universelle tel en sera le remède. Instruisons-nous donc, et répandons l'instruction autour de nous. Analysons, comparons, méditons, et d'inductions en inductions, et de déductions en déductions, arrivons-en à la connaissance scientifique de notre mécanisme naturel.

Dans l'Humanisphère, point de gouvernement. Une organisation attractive tient lieu de législation. La liberté souverainement individuelle préside à toutes les décisions collectives. L'autorité de l'anarchie, l'absence de toute dictature du nombre ou de la force, remplace l'arbitraire de l'autorité, le despotisme du glaive et de la loi. La foi en eux-mêmes est toute la religion des humanisphériens. Les dieux et les prêtres, les superstitions religieuses soulèveraient parmi eux une réprobation universelle. Ils ne reconnaissent ni théocratie ni aristocratie d'aucune sorte, mais l'autonomie indivi-duelle. C'est par ses propres lois que chacun se gouverne, et c'est sur ce gouvernement de chacun par soi-même qu'est formé l'ordre social.

Demandez à l'histoire, et voyez si l'autorité a jamais été autre chose que le suicide individuel ? Appellerez-vous l'ordre, l'anéan-tissement de l'homme par l'homme ? Est-ce l'ordre que ce qui règne à Paris, à Varsovie, à Pétersbourg, à Vienne, à Rome, à Naples, à Madrid, dans l'aristocratique Angleterre et dans la démocratique Amérique ? Je vous dis, moi, que c'est le meurtre. L'ordre avec le poignard ou le canon, la potence ou la guillotine ; l'ordre avec la Sibérie ou Cayenne, avec le knout ou la baïonnette, avec le bâton du watchman ou l'épée du sergent de ville ; l'ordre personnifié dans cette trinité homicide : le fer, l'or, l'eau bénite ; l'ordre à coups de fusil, à coups de bibles et à coups de billets de banque ; l'ordre qui trône sur des cadavres et s'en nourrit, cet ordre-là peut être celui des civilisations moribondes, mais il ne sera jamais que le désordre, la gangrène dans les sociétés ni auront le sentiment de l'existence. Les autorités sont des vampires, et les vampires sont des monstres qui n'habitent que les cimetières et ne se promènent que dans les ténèbres.

Consultez vos souvenirs et vous verrez que la plus grande absence d'autorité a toujours produit la plus grande somme d'harmonie. Voyez le peuple du haut de ses barricades, et dites si dans ces mo-ments de passagère anarchie, il ne témoigne pas, par sa conduite, en faveur de l'ordre naturel. Parmi ces hommes qui sont là, bras nus et noirs de poudre, bien certainement il ne manque pas de natures ignorantes, d'hommes à peine dégrossis par le rabot de l'éducation sociale, et capables, dans la vie privée et comme chefs de familles, de bien des brutalités envers leurs femmes et leurs enfants. Voyez-les, alors, au milieu de l'insurrection publique et en leur qualité d'hommes momentanément libres. Leur brutalité a été transformée comme par enchantement en douce courtoisie.

Joseph Déjacque

Qu'une femme vienne à passer, et ils n'auront pour elle que des paroles décentes et polies. C'est avec un empressement tout fraternel qu'ils l'aideront à franchir ce rempart de pavés. Eux qui, le dimanche, à la promenade, auraient rougi de porter leur enfant et en auraient laissé tout le fardeau à la mère, c'est avec le sourire de la satisfaction sur les lèvres qu'ils prendront dans leurs bras un enfant d'inconnue pour lui faire traverser la barricade. C'est une métamorphose instantanée. Dans l'homme du jour vous ne reconnaîtrez pas l'homme de la veille. — Laissez réédifier l'Autorité, et l'homme du lendemain sera bientôt redevenu l'homme de la veille !

Qu'on se rappelle encore le jour de la distribution des drapeaux, après février 48 : il n'y avait dans la foule, plus grande qu'elle ne le fut jamais à aucune fête, ni gendarmes, ni agents de la force publique ; aucune autotiré ne protégeait la circulation ; chacun, pour ainsi dire, faisait sa police soi-même. Et bien ! y eut-il jamais plus d'ordre que dans ce désordre ? Qui fut foulé ? personne. Pas un encombrement n'eut lieu. C'était à qui se protégerait l'un l'autre. La multitude s'écoulait compacte par les boulevards et par les rues aussi naturellement que le sang d'un homme en bonne santé circule en ses artères. Chez l'homme, c'est la maladie, qui produit l'engorgement : chez les multitudes, c'est la police et la force armée : la maladie alors porte le nom d'autorité. L'anarchie est l'état de santé des multitudes.

Autre exemple :

C'était en 1841, je crois, — à bord d'une frégate de guerre. Les officiers et le commandant lui-même, chaque fois qu'ils présidaient à la manœuvre, juraient et tempêtaient après les matelots ; et plus ils juraient, plus ils tempêtaient, plus la manœuvre s'exécutait mal. Il y avait à bord un officier qui faisait exception à la règle. Lorsqu'il était de quart, il ne disait pas quatre paroles et ne parlait toujours qu'avec une douceur toute féminine. Jamais manœuvre ne fut mieux et plus rapidement exécutée que sous ses ordres. S'agissait-il de prendre un ris aux huniers, c'était fait en un clin d'œil ; et sitôt le ris pris, sitôt les huniers hissés ; les poulies en fumaient. Une fée n'aurait pas agi plus promptement d'un coup de baguette. Bien avant le commandement, chacun était à son poste, prêt à monter dans les haubans ou à larguer les drisses. On n'attendait pas qu'il donnât l'ordre mais qu'il permît d'exécuter la manœuvre. Et pas la moindre confusion, pas un nœud d'oublié, rien qui ne fût rigoureusement achevé. C'était de l'enthousiasme et de l'harmonie. Voulez-vous savoir le secret magique de cet officier et de quelle manière il s'y prenait pour opérer ce miracle : il ne jurait pas, il ne tempêtait pas, il ne commandait pas, en un mot, il laissait faire. Et c'était à qui ferait le mieux. Ainsi sont les hommes : sous la garcette de l'autorité, le matelot n'agit que comme une brute ; il va bêtement et lourdement où on le pousse. Laissé à son initiative anarchique, il agit en homme, il manœuvre des mains et de l'intelligence. Le fait que je cite avait lieu à bord de la frégate le Calypso dans les mers d'Orient. L'officier en question ne séjourna que deux mois à bord, commandant et officiers étaient jaloux de lui.

Or donc l'absence d'ordres, voilà l'ordre véritable. La loi et le glaive, ce n'est que l'ordre des bandits, le code du vol et du meurtre qui préside au partage du butin, au massacre des victimes. C'est sur ce sanglant pivot que tourne le monde civilisé. L'anarchie en est l'antipode, et cet antipode est l'axe du monde humanisphérien.

— La liberté est tout leur gouvernement. — La liberté est toute leur constitution. — La liberté est toute leur législation. — La liberté est toute leur réglementation. — La liberté est toute leur contraction. — Tout ce qui n'est pas la liberté est hors les mœurs. — La liberté, toute la liberté, rien que la liberté, — telle est la formule burinée aux tables de leur conscience, le critérium de tous leurs rapports entre eux.

Manque-t-on dans un coin de l'Europe des produits d'un autre continent ? Les journaux de l'Humanisphère le mentionnent, c'est inséré au Bulletin de publicité, ce moniteur de l'anarchique universalité ; et les Humanisphères de l'Asie, de l'Afrique, de l'Amérique ou de l'Océanie expédient le produit demandé. Est-ce, au contraire, un produit européen qui fait défaut en Asie, en Afrique, en Amérique ou en Océanie, les Humanisphères d'Europe l'expédient. L'échange a lieu naturellement et non arbitrairement. Ainsi, tel Humanisphère donne plus un jour et reçoit moins, qu'importe, demain c'est lui sans doute qui recevra plus et donnera moins. Tout appartenant à tous et chacun pouvant changer d'Humanisphère comme il change d'appartement, — que dans la circulation universelle une chose soit ici ou soit là-bas, qu'est-ce que cela peut faire ?

Joseph Déjacque

Chacun n'est il pas libre de la faire transporter où bon lui semble et de se transporter lui-même où il lui semble bon ?

En anarchie, la consommation s'alimente d'elle-même par la production. Un humanisphérien ne comprendrait pas plus qu'on forçât un homme à travailler qu'il ne comprendrait qu'on le forçât à manger. Le besoin de travailler est aussi impérieux chez l'homme naturel que le besoin de manger. L'homme n'est pas tout ventre, il a des bras, un cerveau, et, apparemment, c'est pour les faire fonctionner. Le travail manuel et intellectuel est la nourriture qui le fait vivre. Si l'homme n'avait pour tout besoin que les besoins de la bouche et du ventre, ce ne serait plus un homme, mais une huître, et alors, à la place de ses mains, attributs de son intelligence, la nature lui aurait donné, comme au mollusque, deux écailles. — Et la paresse ! la paresse ! me criez-vous, ô civilisés. La paresse n'est pas la fille de la liberté et du génie humain, mais de l'esclavage et de la civilisation ; c'est quelque chose d'immonde et de contre nature que l'on ne peut rencontrer que dans les vieilles et modernes Sodomes. La paresse, c'est une débauche du bras, un engourdissement de l'esprit. La paresse, ce n'est pas une jouissance, c'est une gangrène et une paralysie. Les sociétés caduques, les mondes vieillards, les civilisations corrompues peuvent seuls produire et propager de pareils fléaux. Les humanisphériens, eux, satisfont naturellement au besoin d'exercice du bras comme au besoin d'exercice du ventre. Il n'est pas plus possible de rationner l'appétit de la production que l'appétit de la consommation. C'est à chacun de consommer et de produire selon ses forces, selon ses besoins. En courbant tous les hommes sous une rétribution uniforme, on affamerait les uns et on ferait mourir d'indigestion les autres. L'individu seul est capable de savoir la dose du labeur que son estomac, son cerveau ou sa main peut digérer. On rationne un cheval à l'écurie, le maître octroie à l'animal domestique telle ou telle nourriture. Mais, en liberté l'animal se rationne lui-même, et son instinct lui offre mieux que le maître ce qui convient à son tempérament. Les animaux indomptés ne connaissent guère la maladie. Ayant tout à profusion, ils ne se battent pas non plus entre eux pour s'arracher un brin d'herbe. Ils savent que la sauvage prairie produit plus de pâture qu'ils n'en peuvent brouter, et ils la tondent en paix les uns à côté des autres. Pourquoi les hommes se battraient-ils pour s'arracher la consommation quand la production, par les forces mécaniques, fournit au-delà de leurs besoins ?

— L'autorité, c'est la paresse. — La liberté, c'est le travail.

L'esclave seul est paresseux, riche ou pauvre : — le riche, esclave des préjugés de fausse science ; le pauvre, esclave de l'ignorance et des préjugés, — tous deux esclaves de la loi, l'un pour la subir, l'autre pour l'imposer. Il n'en saurait être de même pour l'homme libre. Ne serait-ce pas se suicider que de vouer à l'inertie ses facultés productives ? L'homme inerte n'est pas un homme, il est moins qu'une brute, car la brute agit dans la mesure de ses moyens, elle obéit à son instinct. Quiconque possède une parcelle d'intelligence ne peut moins faire que de lui obéir ; et l'intelligence ce n'est pas l'oisiveté, c'est le mouvement fécondateur, c'est le progrès. L'intelligence de l'homme c'est son instinct ; et cet instinct lui dit sans cesse : travaille ; mets la main comme le front à l'œuvre ; produit et découvre ; les productions et les découvertes, c'est la liberté. Celui qui ne travaille pas ne jouit pas. Le travail c'est la vie. La paresse c'est la mort. — Meurs ou travaille !

Dans l'Humanisphère, la propriété n'étant point divisée, chacun a intérêt à la rendre productive. Les aspirations de la science, débarrassées aussi du morcellement de la pensée, inventent et perfectionnent en commun des machines appropriées à tous les usages. Partout l'activité et la rapidité du travail font éclore autour de l'homme une exubérance de produits. Comme aux premiers âges du monde, il n'a plus qu'à allonger la main pour saisir le fruit, qu'à s'étendre au pied de l'arbre pour y avoir un abri. Seulement l'arbre est maintenant un magnifique monument où se trouvent toutes les satisfactions du luxe ; le fruit est tout ce que les arts et les sciences peuvent offrir de savoureux. C'est l'anarchie, non plus dans la forêt marécageuse avec le fangeux idiotisme et l'ombrageuse bestialité, mais l'anarchie dans un parc enchanté avec la limpide intelligence et la souriante humanité. C'est l'anarchie non plus dans la faiblesse et l'ignorance, noyau de la sauvagerie, de la barbarie et de la civilisation, mais l'anarchie dans la force et le savoir, tronc-rameux de l'harmonie, le glorieux épanouissement de l'homme en fleur, de l'homme libre, dans les régions de l'azur et sous le rayonnement de l'universelle solidarité.

Joseph Déjacque

Chez les humanisphériens, un homme qui ne saurait manier qu'un seul outil, que cet outil fût une plume ou une lime, rougirait de honte à cette seule pensée. L'homme veut être complet, et il n'est complet qu'à la condition de connaître beaucoup. Celui qui est seulement homme de plume ou homme de lime est un castrat que les civilisés peuvent bien admettre ou admirer dans leurs églises ou dans leurs fabriques, dans leurs ateliers ou dans leurs académies, mais ce n'est pas un homme naturel ; c'est une monstruosité qui ne provoquerait que l'éloignement et le dégoût parmi les hommes perfectibilisés de l'humanisphère. L'homme doit être à la fois homme de pensée et homme d'action, et produire par le bras comme par le cerveau. Autrement il attente à sa virilité, il forfait à l'œuvre de la création ; et, pour atteindre à une voix de fausset, il perd toutes les larges et émouvantes notes de son libre et vivant instrument. L'homme n'est plus un homme alors, mais une serinette.

Un humanisphérien non seulement pense et agit tout à la fois, mais encore il exerce dans la même journée des métiers différents. Il cisèlera une pièce d'orfèvrerie et travaillera sur une pièce de terre : il passera du burin à la pioche, et du fourneau de cuisine à un pupitre d'orchestre. Il est familier avec une foule de travaux. Ouvrier inférieur en ceci, il est ouvrier supérieur en cela. Il a sa spécialité où il excelle. Et c'est justement cette infériorité et cette supériorité des uns envers les autres qui produit l'harmonie. Il n'en coûte nullement de se soumettre à une supériorité, je ne dirai pas officiellement, mais officieusement reconnue, quand l'instant d'après, et dans une autre phase de la production, cette supériorité deviendra votre infériorité. Cela crée une émulation salutaire, une réciprocité bienveillante et destructive des jalouses rivalités. Puis, par ces travaux divers, l'homme acquiert la possession de plus d'objets de comparaison, son intelligence se multiplie comme son bras, c'est une étude perpétuelle et variée qui développe en lui toutes les facultés physiques et intellectuelles, et dont il profite pour se perfectionner dans son acte de prédilection.

Je répète ici ce que j'ai déjà noté précédemment :

Quand je parle de l'homme, ce n'est pas seulement d'une moitié de l'humanité dont il est question, mais de l'humanité entière, de la femme comme de l'homme, de l'Etre humain. Ce qui s'applique à l'un s'applique également à l'autre. Il n'y a qu'une exception à la règle générale, un travail qui est l'apanage exclusif de la femme, c'est celui de l'enfantement et de l'allaitement. Quand la femme accomplit ce labeur, il est tout simple qu'elle ne peut guère s'occuper activement des autres. C'est une spécialité qui l'éloigne momentanément de la pluralité des attributions générales, mais, sa grossesse et son nourriciat achevés, elle reprend dans la communauté ses fonctions, identiques à toutes celles des humanisphériens.

A sa naissance, l'enfant est inscrit sous les nom et prénoms de sa mère au livre des statistiques ; plus tard, il prend lui-même les nom et prénoms qui lui conviennent, garde ceux qu'on lui a donnés ou en change. Dans l'humanisphère, il n'y a ni bâtards déshérités ni légitimes privilégiés. Les enfants sont les enfants de la nature, et non de l'artifice. Tous sont égaux et légitimes devant la mère, l'humanisphère et l'humanisphérité. Tant que l'embryon externe est encore attaché à la mamelle de sa mère comme le fœtus dans l'organe interne, il est considéré comme ne faisant qu'un avec sa nourrice. Le sevrage est pour la femme une seconde délivrance qui s'opère lorsque l'enfant peut aller et venir seul. La mère et l'enfant peuvent rester encore ensemble, si tel est le bon plaisir des deux. Mais si l'enfant qui sent pousser ses petites volontés préfère la compagnie et la demeure des autres enfants, ou si la mère, fatiguée d'une longue couvée, ne se soucie plus de l'avoir constamment près d'elle, alors ils peuvent se séparer. L'appartement des enfants est là, et pas plus que les autres il ne manquera de soins, car tour à tour toutes les mères s'y donnent rendez-vous. Si, dans la permutation des décès et des naissances, il se trouve qu'un nouveau-né perde sa mère, ou qu'une mère perde son enfant, la jeune femme qui a perdu son enfant donne le sein à l'enfant qui a perdu sa mère, ou bien on donne à l'orphelin la mamelle d'une chèvre ou d'une lionne. Il est même d'usage parmi les mères nourricières de faire boire à l'enfant chétif du lait d'animaux vigoureux tel que le lait de lionne, comme parmi les civilisés on fait prendre du lait d'ânesse aux poitrinaires. (N'oublions pas qu'à l'époque dont il est question, les lionnes et les panthères sont des animaux domestiques ; que l'homme possède des troupeaux d'ours comme nous possédons aujourd'hui des troupeaux de moutons ; que les animaux les plus féroces se sont rangés, soumis et disciplinés sous le pontificat de l'homme ; qu'ils rampent à ses pieds avec une secrète terreur et s'inclinent devant l'auréole de lumière et d'électricité qui couronne son front et leur impose le respect. L'homme est le soleil autour duquel toutes les races animales gravitent.)

La nourriture des hommes et des femmes est basée sur l'hygiène. Ils adoptent de préférence les aliments les plus propres à la nutrition des muscles du corps et des fibres du cerveau. Ils ne font pas un repas sans manger quelques bouchées de viande rôtie, soit de mouton, ours ou bœuf ; quelques cuillerées de café ou autres liqueurs qui surexcitent la sève de la pensée. Tout est combiné pour que les plaisirs, même ceux de la table, ne soient pas improductifs ou nuisibles au développement de l'homme et des facultés de l'homme. Chez eux tout plaisir est un travail, et tout travail est un plaisir. La fécondation du bonheur y est perpétuelle. C'est un printemps et un automne continus de satisfactions. Les fleurs et les fruits de la production, comme les fleurs et les fruits des tropiques, y poussent en toute saison. Tel le bananier est le petit humanisphère qui pourvoit au gîte et à la pâture du nègre marron, tel aussi l'humanisphère est le grand bananier qui satisfait aux immenses besoins de l'homme libre. C'est à son ombre qu'il aspire à pleins poumons toutes les douces brises de la nature et que, élevant sa prunelle à la hauteur des astres, il en contemple tous les rayonnements.

Comme on doit le penser, il n'y a pas de médecins, c'est dire qu'il n'y a pas de maladies. Qu'est-ce qui cause les maladies aujourd'hui ? Les émanations pestilentielles d'une partie du globe et, surtout, le manque d'équilibre dans l'exercice des organes humains. L'homme s'épuise à un travail unique, à une jouissance unique. L'un se tord dans les convulsions du jeûne, l'autre dans les coliques et les hoquets de l'indigestion. L'un occupe son bras à l'exclusion de son cerveau, l'autre son cerveau à l'exclusion de son bras. Les froissements du jour, les soucis du lendemain contractent les fibres de l'homme, arrêtent la circulation naturelle du sang et produisent des cloaques intérieurs d'où s'exhalent le dépérissement et la mort. Le médecin arrive, lui qui a intérêt à ce qu'il y ait des maladies comme l'avocat a intérêt à ce qu'il y ait des procès, et il inocule dans les veines du patient le mercure et l'arsenic ; d'une indisposition passagère, il fait une lèpre incurable et qui se communique de génération en génération. On a horreur d'une Brinvilliers, mais vraiment qu'est-ce qu'une Brinvilliers comparée à ces empoisonneurs qu'on nomme des médecins ? La Brinvilliers n'attentait qu'à la vie de quelques-uns de ses contemporains ; eux, ils attentent à la vie et à l'intelligence de tous les hommes jusque dans leur postérité. Civilisés ! civilisés ! ayez des académies de bourreaux si vous voulez, mais n'ayez pas des académies de médecins ! Homme d'amphithéâtres ou d'échafauds, assassinez s'il le faut le présent, mais épargnez au moins l'avenir !…

Chez les humanisphériens il y a équation dans l'exercice des facultés de l'homme, et ce niveau produit la santé. Cela ne veut pas dire qu'on ne s'y occupe pas de chirurgie ni d'anatomie. Aucun art, aucune science n'y sont négligés. Il n'est même pas un humanisphérien qui n'ait plus ou moins suivi ces cours. Ceux des travailleurs qui professent la chirurgie exercent leur savoir sur un bras ou une jambe quand un accident arrive. Quant aux indispositions, comme tous ont des notions d'hygiène et d'anatomie, ils se médicamentent eux-mêmes, ils prennent l'un un bol d'exercice, l'autre une fiole de sommeil, et le lendemain, le plus souvent tout est dit : ils sont les gens les plus dispos du monde.

Contrairement à Gall et à Lavater, qui ont pris l'effet pour la cause, ils ne croient pas que l'homme naisse avec des aptitudes absolument prononcées. Les lignes du visage et les reliefs de la tête ne sont pas choses innées en nous, disent-ils ; nous naissons tous avec le germe de toutes les facultés (sauf de rares exceptions, il y a les infirmes du mental comme du physique, mais les monstruosités sont appelées à disparaître en Harrnonie), les circonstances extérieures agissent directement sur elles. Selon que ces facultés se trouvent ou se sont trouvées exposées à leur rayonnement, elles acquièrent une plus ou moins grande croissance, se dessinent d'une telle ou telle autre manière. La physionorme de l'homme reflète ses penchants, mais cette physionomie est le plus souvent bien différente de celle qu'il avait étant enfant. La crâniologie de l'homme témoigne de ses passions, mais cette crâniologie n'a le plus souvent rien de comparable avec celle qu'il avait au berceau. — De même que le bras droit exercé au détriment du bras gauche, acquiert plus de vigueur, plus d'élasticité et aussi plus de volume que son frère jumeau, si bien que l'abus de cet exercice peut rendre un homme bossu d'une épaule, de même aussi l'exercice exclusif donné à certaines facultés passionnelles peut en développer les organes et rendre un homme bossu du crâne. Les sillons du visage comme les bosses du crâne sont l'épanouissement de nos sensations sur notre face, mais ne sont nullement des stigmates originels. Le milieu dans lequel nous vivons et la diversité des points de vue où sont placés les hommes, et qui fait que pas un ne peut voir les choses sous le même aspect, expliquent la diversité de la crâniologie et de la phrénologie chez l'homme, comme la diversité de ses passions et de ses aptitudes. Le crâne dont les bosses sont également développées est assurément le crâne de l'homme le plus parfait. Le type de l'idéal n'est sans doute pas d'être bossu ni cornu. Que de gens pourtant dans le monde actuel sont fiers de leurs bosses et de leurs cornes ! Si quelque docte astrologue, au nom de la prétendue science, venait dire que c'est le soleil qui s'échappe des rayons, et non les rayons qui s'échappent du soleil, ma parole, il se trouverait des civilisés pour le croire et des commis-professeurs pour le débiter. Pauvre monde ! Pauvres corps enseignants ! Enfer d'hommes ! Paradis d'épiciers !

Comme il n'y a là ni esclaves ni maîtres, ni chefs ni subordonnés, ni propriétaires ni déshérités, ni légalité, ni pénalité, ni frontières ni barrières, ni codes civils ni codes religieux, il n'y a non plus ni autorités civiles, militaires et religieuses, ni avocats ni huissiers, ni avoués ni notaires, ni juges ni policiers, ni bourgeois ni seigneurs, ni prêtres ni soldats, ni trônes ni autels, ni casernes ni églises, ni prisons, ni forteresses, ni bûchers ni échafauds ; ou, s'il y en a encore, c'est conservé dans l'esprit-de-vin, momifié en grandeur naturelle ou reproduit en miniature, le tout rangé et numéroté dans quelque arrière-salle de musée comme des objets de curiosité et d'antiquité. Les livres même des auteurs français, cosaques, allemands, anglais, etc., etc., gisent dans la poussière et les greniers des bibliothèques : personne ne les lit, ce sont des langues mortes du reste. Une langue universelle a remplacé tous ces jargons de nations. Dans cette langue, on dit plus en un mot que dans les nôtres on ne pourrait dire en une phrase. Quand par hasard un humanisphérien s'avise de jeter les yeux sur les pages écrites du temps des civilisés et qu'il a le courage d'en lire quelques lignes, il renferme bientôt le livre avec un frémissement de honte et de dégoût ; et, en songeant à ce qu'était l'humanité à cette époque de dépravation babylonnienne et de constitutions civilitiques, il sent le rouge lui monter au visage, comme une femme, jeune encore, dont la jeunesse aurait été souillée par la débauche, rougirait, après s'être réhabilitée, au souvenir de ses jours de prostitution.

La propriété et le commerce, cette affection putride de l'or, cette maladie usurienne, cette contagion corrosive qui infeste d'un virus de vénalité les sociétés contemporaines, et métalise l'amitié et l'amour ; ce fléau du XIXe siècle a disparu du sein de l'humanité. Il n'y a plus ni vendeurs ni vendus. La communion anarchique des intérêts a répandu partout la pureté et la santé dans les mœurs. L'amour n'est plus un trafic immonde, mais un échange de tendres et purs sentiments. Vénus n'est plus la Vénus impudique. mais la Vénus Uranie. L'amitié n'est plus une marchande des halles caressant le gousset des passants et changeant les mielleux propos en engueulements, selon qu'on accepte ou refuse sa marchandise, c'est une charmante enfant qui ne demande que des caresses en retour de ses caresses, sympathie pour sympathie. Dans l'Humanisphère, tout ce qui est apparent est réel : l'apparence n'est point un travestissement. La dissimulation fut toujours la livrée des valets et des esclaves : elle est de rigueur parmi les civilisés. L'homme libre porte au cœur la franchise, cet écusson de la Liberté. La dissimulation n'est pas même une exception parmi les humanisphériens.

Les artifices religieux, les édifices de la superstition répondent chez les civilisés, comme chez les barbares, comme chez les sauvages, à un besoin d'idéal que ces populations ne trouvant pas dans le monde du réel, vont aspirer dans le monde de l'impossible. La femme surtout, cette moitié du genre humain, plus exclue encore que l'autre des droits sociaux, et reléguée, comme la Cendrillon, au coin du foyer du ménage, livrée à ses méditations catéchismales, à ses hallucinations maladives, la femme s'abandonne avec tout l'élan du cœur et de l'imagination au charme des pompes religieuses et des messes à grand spectacle, à toute la poésie mystique de ce roman mystérieux, dont le beau Jésus est le héros, et dont l'amour divin est l'intrigue. Tous ces chants d'anges et d'angesses, ce paradis rempli de lumières, de musique et d'encens, cet opéra de l'éternité, dont Dieu est le grand maestro, le décorateur, le compositeur et le chef d'orchestre, ces stalles d'azur où Marie et Madeleine, ces deux filles d'Eve, ont des places d'honneur ; toute cette fantasmagorie des physiciens sacerdotaux ne peut manquer dans une société comme la nôtre d'impressionner vivement la fibre sentimentale de la femme, cette fibre comprimée et toujours frémissante. Le corps enchaîné à son fourneau de cuisine, à son comptoir de boutique ou à son piano de salon, elle erre par la pensée, — sans lest et sans voilure, sans gouvernail et sans boussole, — vers l'idéalisation de l'être humain dans les sphères parsemées d'écueils et constellées de superstition du fluidique azur, dans les exotiques rêveries de la vie paradisiaque. Elle réagit par le mysticisme, elle s'insurge par la superstition contre ce degré d'infériorité sur lequel l'homme l'a placée. Elle en appelle de son abaissement terrestre à l'ascension céleste, de la bestialité de l'homme à la spiritualité de Dieu.

Dans l'Humanisphère, rien de semblable ne peut avoir lieu. L'homme n'est rien plus que la femme, et la femme rien plus que l'homme. Tous deux sont également libres. Les urnes de l'instruction volontaire ont versé sur leurs fronts des flots de science. Le choc des intelligences en a nivelé le cours. La crue des fluxtueux besoins en élève le niveau tous les jours. L'homme et la femme nagent dans cet océan du progrès, enlacés l'un à l'autre. Les sources vives du cœur épanchent dans la société leurs liquoreuses et brûlantes passions et font à l'homme comme à la femme un bain savoureux et parfumé de leurs mutuelles ardeurs. L'amour n'est plus du mysticisme ou de la bestialité, l'amour a toutes les voluptés des sensations physiques et morales, l'amour c'est de l'humanité, humanité épurée, vivifiée, régénérée, humanité faite homme. L'idéal étant sur la terre, terre présente ou future, qui voulez-vous qui l'aille chercher ailleurs ? Pour que la divinité se promène sur les nuages de l'imagination, il faut qu'il y ait des nuages, et sous le crâne humanisphérien il n'y a que des rayons. Là où règne la lumière, il n'y a point de ténèbres ; là où règne l'intelligence, il n'y a point de superstition. Aujourd'hui que l'existence est une macération perpétuelle, une claustration des passions, le bonheur est un rêve. Dans le monde futur, la vie étant l'expansion de toutes les fibres passionnelles, la vie sera un rêve de bonheur.

Dans le monde civilisé, tout n'est que masturbation et sodomie, masturbation ou sodomie de la chair, masturbation ou sodomie de l'esprit. L'esprit est un égout à d'abjectes pensées, la chair un exutoire à d'immondes plaisirs. En ce temps-ci l'homme et la femme ne font pas l'amour, ils font leurs besoins... En ce temps-là ce sera un besoin pour eux que l'amour ! Et ce n'est qu'avec le feu de la passion au cœur, avec l'ardeur du sentiment au cerveau qu'ils s'uniront dans un mutuel baiser. Toutes les voluptés n'agiront plus que dans l'ordre naturel, aussi bien celles de la chair que celles de l'esprit. La liberté aura tout purifié.

Après avoir visité en détail les bâtiments de l'Humanisphère, où tout n'est qu'ateliers de plaisir et salons de travail, magasins de sciences et d'arts et musées de toutes les productions : après avoir admiré ces machines de fer dont la vapeur ou l'électricité est le mobile, laborieuses multitudes d'engrenages qui sont aux humanisphériens ce que les multitudes de prolétaires ou d'esclaves sont aux civilisés ; après avoir assisté au mouvement non moins admirable de cet engrenage humain, de cette multitude de travailleurs libres, mécanisme sériel dont l'attraction est l'unique moteur ; après avoir constaté les merveilles de cette organisation égalitaire dont l'évolution anarchique produit l'harmonie ; après avoir visité les champs, les jardins, les prairies, les hangars champêtres où viennent s'abriter les troupeaux errants par la campagne, et dont les combles servent de greniers à fourrage ; après avoir parcouru toutes les lignes de fer qui sillonnent l'intérieur et l'extérieur de l'Humanisphère, et avoir navigué dans ces magnifiques steamers aériens qui transportent à vol d'aigle les hommes et les produits, les idées et les objets d'un humanisphère à un humanisphère, d'un continent à un continent, et d'un point du globe à ses extrémités ; après avoir vu et entendu, après avoir palpé du doigt et de la pensée toutes ces choses, — comment se fait-il, me disais-je, en faisant un retour sur les civilisés, comment se fait-il qu'on puisse vivre sous la Loi, ce Knout de l'Autorité, quand l'anarchie, cette loi de la Liberté, a des mœurs si pures et si douces ? Comment se fait-il qu'on regarde comme chose si phénoménale cette fraternité intelligente, et comme chose normale cette imbécilité fratricide ?... Ah ! les phénomènes et les utopies ne sont des phénomènes ou des utopies que par rapport à notre ignorance. Tout ce qui pour notre monde est phénomène, pour un autre monde est chose tout ordinaire, qu'il s'agisse du mouvement des planètes ou du mouvement des hommes ; et ce qu'il y aurait de bien plus phénoménal pour moi, c'est que la société restât perpétuellement dans les ténèbres sociales et qu'elle ne s'éveillât pas à la lumière. L'autorité est un cauchemar

qui pèse sur la poitrine de l'Humanité et l'étouffe ; quelle entende
la voix de la Liberté, qu'elle sorte de son douloureux sommeil, et
bientôt elle aura recouvré la plénitude de ses sens, et son aptitude
au travail, à l'amour, au bonheur !

Bien que dans l'Humanisphère les machines fissent tous les plus
grossiers travaux, il y avait, selon moi, des travaux plus désagréables
les uns que les autres, il y en avait même qui me semblaient ne
devoir être du goût de personne. Néanmoins, ces travaux s'exé-
cutaient sans qu'aucune loi ni aucun règlement y contraignît qui
que ce fût. Comment cela ? me disais-je, moi qui ne voyais encore les choses que par mes yeux de civilisé. C'était bien simple
pourtant. Qu'est-ce qui rend le travail attrayant ? ce n'est pas toujours la nature du travail mais la condition dans laquelle il s'exerce
et la condition du résultat à obtenir. De nos jours, un ouvrier va
exercer une profession ; ce n'est pas toujours la profession qu'il aurait choisi : le hasard plus que l'attraction en a décidé ainsi. Que
cette profession lui procure une certaine aisance relative, que son
salaire soit élevé, qu'il ait affaire à un patron qui ne lui fasse pas
trop lourdement sentir son autorité, et cet ouvrier accomplira son
travail avec un certain plaisir. Que par la suite, ce même ouvrier
travaille pour un patron revêche, que son salaire soit diminué de
moitié, que sa profession ne lui procure plus que la misère, et il ne
fera plus qu'avec dégoût ce travail qu'il accomplissait naguère avec
plaisir. L'ivrognerie et la paresse n'ont pas d'autre cause parmi les
ouvriers. Esclaves à bout de patience, ils jettent alors le manche
après la co[i]gnée et, rebuts du monde, ils se vautrent dans la lie
et la crasse, ou caractères d'élite, ils s'insurgent jusqu'au meurtre,
jusqu'au martyre, comme Alibaud, comme Moncharmont, et re-
vendiquent leurs droits d'hommes, fer contre fer et face à face avec
l'échafaud. Immortalité de gloire à ceux-là !

Dans l'Humanisphère, les quelques travaux qui par leur nature me
paraissaient répugnants trouvent pourtant des ouvriers pour les
exécuter avec plaisir. Et la cause en est à la condition dans laquelle
ils s'exercent. Les différentes séries de travailleurs se recrutent volontairement, comme se recrutent les hommes d'une barricade, et
sont entièrement libres d'y rester le temps qu'ils veulent ou de passer à une autre série ou à une autre barricade. Il n'y a pas de chef
attitré ou titré. Celui qui a le plus de connaissance ou d'aptitudes à

ce travail dirige naturellement les autres. Chacun prend mutuellement l'initiative, selon qu'il s'en reconnaît les capacités. Tour à tour chacun donne des avis et en reçoit. Il y a entente amicale, il n'y a pas autorité. De plus, il est rare qu'il n'y ait pas mélange d'hommes et de femmes parmi les travailleurs d'une série. Aussi le travail est-il dans des conditions trop attrayantes pour que, fut-il répugnant par lui-même, on ne trouve pas un certain charme à l'accomplir. Vient ensuite la nature des résultats à obtenir. Si ce travail est en effet indispensable, ceux à qui il répugne le plus et qui s'en abstiennent seront charmés que d'autres s'en soient chargés, et ils rendront en affabilité à ces derniers, en laborieuses prévenances d'autre part, la compensation du service que les autres leur auront rendu. Il ne faut pas croire que les travaux les plus grossiers soient chez les humanisphériens le partage des intelligences inférieures, bien au contraire, ce sont les intelligences supérieures, les sommités dans les sciences et dans les arts qui le plus souvent se plaisent à remplir ces corvées. Plus la délicatesse est exquise chez l'homme, plus le sens moral est développé, et plus il est apte à certains moments aux rudes et âpres labeurs, surtout quand ces labeurs sont un sacrifice offert en amour à l'humanité. J'ai vu, lors de la transportation de Juin, au fort du Homet, à Cherbourg, de délicates natures qui auraient pu, moyennant quelques pièces de monnaie, faire faire par un codétenu leur tour de corvée, — et c'était une sale besogne que de vider le baquet aux ordures, — et qui, pour donner satisfaction à leurs jouissances morales, au témoignage intérieur de leur fraternité avec leurs semblables, préféraient faire cette besogne eux-mêmes et dépenser à la cantine, avec et pour leurs camarades de corvée, l'argent qui eût pu servir à les en affranchir. L'homme véritablement homme, l'homme égoïstement bon, est plus heureux de faire une chose pour le bien qu'elle procure aux autres que de s'en dispenser en vue d'une satisfaction immédiate et toute personnelle. Il sait que c'est un grain semé en bonne terre et dont il recueillera tôt ou tard un épi. L'égoïsme est la source de toutes les vertus. Les premiers chrétiens, ceux qui vivaient en communauté et en fraternité dans les catacombes, étaient des égoïstes, ils plaçaient leurs vertus à intérêts usuraires entre les mains de Dieu pour en obtenir des primes d'immortalité célestes. Les hurnanisphériens placent leurs bonnes actions en viager sur l'Humanité, afin de jouir, — depuis l'extraction de leur naissance jusqu'à l'extinction de leur vie, — des bénéfices de l'assurance mutuelle. Humainement, on ne peut acheter le bonheur individuel qu'au prix de l'universel bonheur.

Je n'ai pas encore parlé du costume des humanisphériens. Leur costume n'a rien d'uniforme, chacun s'habille à sa guise. Il n'y a pas de mode spéciale. L'élégance et la simplicité en est le signe général. C'est surtout dans la coupe et la qualité des étoffes qu'en est la distinction. La blouse, dite roulière, à manches pagodes, de toile pour le travail, de drap eu de soie pour les loisirs ; une culotte bretonne ou un pantalon large ou collant, mais toujours étroit du bas, avec des bottes à revers par-dessus le pantalon ou de légers cothurnes en cuir verni ; un chapeau de feutre rond avec un simple ruban ou garni d'une plume, ou bien un turban ; le cou nu comme au Moyen Age ; et les parements de la chemise débordant au cou et aux poignets par-dessous la blouse, tel est le costume le plus en usage. Maintenant, la couleur, la nature de l'étoffe, la coupe, les accessoires diffèrent essentiellement. L'un laisse flotter sa blouse, l'autre porte une écharpe en ceinture, ou bien une pochette en maroquin ou en tissu, suspendue à une chaîne d'acier ou à une bande de cuir et tombant sur la cuisse. L'hiver, l'un s'enveloppe d'un manteau, l'autre d'un burnous. Les hommes comme les femmes portent indifféremment le même costume. Seulement, les femmes substituent le plus généralement une jupe au pantalon, ornent leur blouse ou tunique de dentelles, leurs poignets et leur cou de bijoux artistement travaillés, s'ingénient les coiffures les plus capables de faire valoir les traits de leur visage ; mais aucune d'elles ne trouverait gracieux de se percer le nez ou les oreilles pour y passer des anneaux d'or ou d'argent et y attacher des pierreries. Un grand nombre portent des robes à taille dont la multiplicité des formes est à l'infini. Elles ne cherchent pas à s'uniformiser les unes avec les autres, mais à se différencier les unes des autres. Et il en est de même des hommes. Les hommes portent généralement toute la barbe, et les cheveux longs et séparés sur le sommet de la tête. Ils ne trouvent pas plus naturel ni moins ridicule de se raser le menton que le crâne ; et dans leur vieillesse, alors que la neige des années a blanchi leur front et engourdi leur vue, ils ne s'épilent pas plus les poils blancs qu'ils ne s'arrachent les yeux. Il se porte aussi beaucoup de costumes divers, des costumes genre Louis XIII, entre autres, mais pas un des costumes masculins ou crinolins de notre époque. Les ballons dans lesquels naviguent sur terre les femmes de nos jours sont réservés pour les steamers aériens, et les tuyaux en tôle ou en soie noire ne servent de couvre-chef qu'au cervelet des cheminées. Je ne sache pas qu'il soit un seul homme parmi les humanisphériens qui voulût se ridiculiser dans la redingote ou l'habit bourgeois, cette livrée des civilisés. Là on veut être libre de ses mouvements et que le costume témoigne de la grâce et de la liberté de celui qui le porte. On préfère la majesté d'un pli ample et flottant à la raideur bouffie de la crinoline et à la grimace épilep-tique d'un frac à tête de crétin et à queue de morue. L'habit, dit un proverbe, ne fait pas le moine. C'est vrai dans le sens du proverbe. Mais la société fait son habit, et une société qui s'habille comme la nôtre, dénonce, comme la chrysalide pour sa coque, sa laideur de chenille à la clarté des yeux. Dans l'humanisphère, l'humanité est loin d'être une chenille, elle n'est plus prisonnière dans son cocon, il lui a poussé des ailes, et elle a revêtu l'ample et gracieuse tunique, le charmant émail, l'élégante envergure du papillon. — Pris dans le sens absolu, l'enveloppe c'est l'homme : La physionomie n'est ja-mais un masque pour qui sait l'interroger. Le moral perce toujours au physique. Et le physique de la société actuelle n'est pas beau : combien plus laid encore est son moral !

Dans mes excursions, je n'avais vu nulle part de cimetière. Et je me demandais où passaient les morts, quand j'eus occasion d'assis-ter à un enterrement.

Le mort était étendu dans un cercueil à jour qui avait la forme d'un grand berceau. Il n'était environné d'aucun aspect funèbre. Des fleurs naturelles étaient effeuillées dans le berceau et lui cou-vraient le corps. La tête découverte reposait sur des bouquets de roses qui lui servaient d'oreiller. On mit le cercueil dans un wagon ; ceux qui avaient le plus particulièrement connu le mort prirent place à sa suite. Je les imitai.

Arrivé dans la campagne, à un endroit où était une machine en fer érigée sur des degrés de granit, le convoi s'arrêta. La machine en question avait à peu près l'apparence d'une locomotive. Un tambour ou chaudière posait sur un ardent brasier. La chaudière était surmontée d'un long tuyau à piston. On sortit le cadavre du cercueil, on l'enveloppa dans son suaire, puis on le glissa par une ouverture en tiroir dans le tambour. Le brasier était chargé de le réduire en poudre. Chacun des assistants jeta alors une poignée de roses effeuillées sur les dalles du monument. On entonna une hymne à la transformation universelle. Puis chacun se sépara. Les cendres des morts sont ensuite jetées comme engrais sur les terres de labour.

Les humanisphériens prétendent que les cimetières sont une cause d'insalubrité, et qu'il est bien préférable de les ensemencer de grains de blé que de tombeaux, attendu que le froment nourrit les vivants et que les caveaux de marbre ne peuvent qu'attenter à la régénération des morts. Ils ne comprennent pas plus les prisons funéraires qu'ils ne comprendraient les tombes cellulaires, pas plus la détention des morts que la détention des vivants. Ce n'est pas la superstition qui fait loi chez eux, c'est la science. Ils n'ont que de la raison et point de préjugés. Pour eux toute matière est animée ; ils ne croient pas à la dualité de l'âme et du corps, ils ne reconnaissent que l'unité de substance ; seulement, cette substance acquiert mille et mille formes, elle est plus ou moins grossière, plus ou moins épurée, plus ou moins solide on plus ou moins volatile. En admettant même, disent-ils, que l'âme fût une chose distincte du corps, ce que tout dénie, — il y aurait encore absurdité à croire à son immortalité individuelle, à sa personnalité éternellement compacte, à son immobilisation indestructible. La loi de composition et de décomposition qui régit les corps, et qui est la loi universelle, serait aussi la loi des âmes.

De même que, à la chaleur du calorique, la vapeur de l'eau se condense dans le cerveau de la locomotive et constitue ce qu'on pourrait appeler son âme, de même au foyer du corps humain, le bouillonnement de nos sensations, se condensant en vapeur sous notre crâne, constitue notre pensée et fait mouvoir, de toute la force d'électricité de notre intelligence, les rouages de notre mécanisme corporel. Mais s'ensuit-il que la locomotive, forme finie et par conséquent périssable, ait une âme plus immortelle que son enveloppe ? Certes, l'électricité qui l'anime ne disparaîtra pas dans l'impossible néant, pas plus que ne disparaîtra la substance palpable dont elle est revêtue. Mais au moment de la mort, comme au moment de l'existence, la chaudière comme la vapeur ne sauraient conserver leur personnalité exclusive. La rouille ronge le fer, la vapeur s'évapore ; corps et âmes se transforment incessamment et se dispersent dans les entrailles de la terre ou sur l'aile des vents en autant de parcelles que le métal ou le fluide contient de molécules, c'est-à-dire à l'infini, la molécule étant pour les infinitésimaux ce qu'est le globe terrestre pour les hommes, un monde habité et en mouvement, une agrégation animée d'imperceptibles susceptibles d'attraction et de répulsion, et par conséquent de formation et de dissolution. Ce qui fait la vie, ou, ce qui est la même chose, le mouvement, c'est la condensation et la dilatation de la substance élaborée par l'action chimique de la nature. C'est cette alimentation et cette déjection de la vapeur chez la locomotive, de la pensée chez l'homme, qui agite le balancier du corps. Mais le corps s'use par le frottement, la locomotive va au rebut, l'homme à la tombe. C'est ce qu'on appelle la mort, et ce qui n'est qu'une métamorphose, puisque rien ne se perd et que tout reprend forme nouvelle sous la manipulation incessante des forces attractives.

Il est reconnu que le corps humain se renouvelle tous les sept ans ; il ne reste de nous molécule sur molécule. Depuis la plante des pieds jusqu'à la pointe des cheveux, tout a été détruit, parcelle par parcelle. Et l'on voudrait que l'âme, qui n'est que le résumé de nos sensations, quelque chose comme leur vivant miroir, miroir où se reflètent les évolutions de ce monde d'infiniment petits dont le tout s'appelle un homme ; l'on voudrait que l'âme ne se renouvelât pas d'année en année et d'instant en instant ; qu'elle ne perdît rien de son individualité en s'exhalant au-dehors, et n'acquît rien de l'individualité des autres en en respirant les émanations ? Et quand la mort, étendant son souffle sur le physique, forme finie, vient en disperser au vent les débris et en promener dans les sillons la poussière, comme une semence qui porte en elle le germe de nouvelles moissons, l'on voudrait, — vaniteuse et absurde inconséquence de notre part ! — que ce souffle de destruction ne pût briser l'âme humaine, forme finie, et en disperser au monde la poussière ?

En vérité quand on entend les civilisés se targuer de l'immortalité de leur âme, on est tenté de se demander si l'on a devant soi des fourbes ou des brutes, et l'on finit par conclure qu'ils sont l'un et l'autre.

Nous jetons, disent les humanispliériens, la cendre des morts en pâture à nos champs de culture, afin de nous les incorporer plus

Joseph Déjacque

vite sous forme d'aliment et de les faire renaître ainsi plus promptement à la vie de l'humanité. Nous regarderions comme un crime de reléguer à fond de terre une partie de nous-mêmes et d'en retarder ainsi l'avènement à la lumière. Comme il n'y a pas à douter que la terre ne fasse échange d'émanations avec les autres globes, et cela sous la forme la plus subtile, celle de la pensée, nous avons la certitude que plus la pensée de l'homme est pure, plus elle est apte à s'exhaler vers les sphères des mondes supérieurs. C'est pourquoi nous ne voulons pas que ce qui a appartenu à l'humanité soit perdu pour l'humanité, afin que ces restes repassés à l'alambic de la vie humaine, alambic toujours plus perfectionné, acquièrent une propriété plus éthérée et passent ainsi du circulus humain à un circulus plus élevé, et de circulus en circulus à la circulation universelle.

Les chrétiens, les catholiques mangent Dieu par amour pour la divinité, ils communient en théophages. Les humanisphériens poussent l'amour de l'humanité jusqu'à l'anthropophagie : ils mangent l'homme après sa mort, mais sous une forme qui n'a rien de répugnant, sous forme d'hostie, c'est-à-dire sous forme de pain et de vin, de viande et de fruits, sous forme d'aliments. C'est la communion de l'homme par l'homme, la résurrection des restes cadavériques à l'existence humaine. Il vaut mieux, disent-ils, faire revivre les morts que de les pleurer. Et ils activent le travail clandestin de la nature, ils abrègent les phases de la transformation, les péripéties de la métempsycose. Et ils saluent la mort, comme la naissance, ces deux berceaux d'une vie nouvelle avec des chants de fête et des parfums de fleurs. L'immortalité, affirment-ils, n'a rien d'immatériel. L'homme, corps de chair, lumineux de pensée, comme tous les soleils se dissout quand il a fourni sa carrière. La chair se triture et retourne à la chair ; et la pensée, clarté projetée par elle, rayonne vers son idéal, se décompose en ses rayons et y adhère. — L'homme sème l'homme, le récolte, le pétrit et le fait lui par la nutrition. L'humanité est la sève de l'humanité, et elle s'épanouit en elle et s'exhale au-dehors, nuage de Pensée ou d'encens qui s'élève vers les mondes meilleurs.

Telle est leur pieuse croyance, croyance scientifique basée sur l'induction et la déduction, sur l'analogie. Ce ne sont pas, à vrai dire, des croyants, mais des voyants.

Je parcourus tous les continents, l'Europe, l'Asie, l'Afrique, l'Océanie. Je vis bien des physionomies diverses, je ne vis partout qu'une seule et même race. Le croisement universel des populations asiatiques, européennes, africaines et américaines (les Peaux-Rouges) ; la multiplication de tous par tous a nivelé toutes les aspérités de couleur et de langage. L'humanité est une. Il y a dans le regard de tout humanisphérien un mélange de douceur et de fierté qui a un charme étrange. Quelque chose comme un nuage de fluide magnétique entoure toute sa personne et illumine son front d'une auréole phosphorescente. On se sent attiré vers lui par un attrait irrésistible. La grâce de ses mouvements ajoute encore à la beauté de ses formes. La parole qui découle de ses lèvres, tout empreinte de ses suaves pensées, est comme un parfum qui s'en émane. Le statuaire ne saurait modeler les contours animés de son corps et de son visage, qui empruntent à cette animation des charmes toujours nouveaux. La peinture ne saurait en reproduire la prunelle et la pensée enthousiaste et limpide, pleine de langueur ou d'énergie, mobiles aspects de lumière qui varient comme le miroir d'un clair ruisseau dans son cours calme ou rapide et toujours pittoresque. La musique ne saurait en modeler la parole, car elle ne pourrait atteindre à son ineffabilité de sentiment ; et la poésie ne saurait en traduire le sentiment, car elle ne pourrait atteindre à son indicible mélodie. C'est l'être humain idéalisé, et portant dans la forme et dans le mouvement, dans le geste et dans le regard, dans la parole et dans la pensée l'empreinte de la plus utopique perfectibilité. En un mot, c'est l'homme fait homme.

Ainsi m'est apparu le monde ultérieur ; ainsi s'est déroulée sous mes yeux la suite des temps ; ainsi s'est relevée à mon esprit l'harmonique anarchie : la société libertaire, l'égalitaire et universelle famille humaine. 0 Liberté ! Cérès de l'anarchie, toi qui laboures le sein des civilisations modernes de ton talon et y sèmes la révolte, toi qui émondes les instincts sauvages des sociétés contemporaines et greffes sur leurs tiges les utopiques pensées d'un monde meilleur, salut, universelle fécondatrice, et gloire à toi, Liberté, qui portes en tes mains la gerbe des moissons futures, la corbeille des fleurs et des fruits de l'Avenir, la corne d'abondance du progrès social. Salut et gloire à toi, Liberté.

Et toi, Idée, merci de m'avoir permis la contemplation de ce paradis humain, de cet Eden humanitaire. Idée, amante toujours belle, maîtresse pleine de grâce, houri enchanteresse, pour qui mon cœur et ma voix tressaillent, pour qui ma prunelle et ma pensée n'ont que des regards d'amour ; Idée, dont les baisers sont des spasmes de bonheur, oh ! laisse-moi vivre et mourir et revivre encore dans tes continuelles étreintes ; laisse-moi prendre racine dans ce monde que tu as évoqué ; laisse-moi me développer au milieu de ce parterre d'humains ; laisse-moi m'épanouir parmi toutes ces fleurs d'hommes et de femmes. Laisse-moi y recueillir et y exhaler les senteurs de l'universelle félicité !

Idée, pôle d'amour, étoile aimantée, beauté attractive, oh ! reste-moi attachée, ne m'abandonne pas, ne me replonge pas du rêve futur dans la réalité présente, du soleil de la liberté dans les ténèbres de l'autorité ; fais que je ne sois plus seulement spectateur, mais acteur de ce roman anarchique dont tu m'as donné le spectacle. 0 toi par qui s'opèrent les miracles, fais retomber derrière moi le rideau des siècles, et laisse-moi vivre de ma vie dans l'humanisphère et l'humanisphérité !…

Enfant, me dit-elle, je ne puis t'accorder ce que tu désires. Le temps est le temps. Et il est des distances que la pensée seule peut franchir. Les pieds adhèrent au sol qui les a vus naître. La loi de la pesanteur le veut ainsi. Reste donc sur le sol de la civilisation comme sur un calvaire, il le faut. Sois un des messies de la régénération sociale. Fais luire ta parole comme un glaive, Plonge-la nue et acérée au sein des sociétés corrompues, et frappe à la place du cœur le cadavre ambulant de l'Autorité. Appelle à toi les petits enfants et les femmes et les prolétaires, et enseigne-leur par la prédication et par l'exemple la revendication du droit au développement individuel et social. Confesse la toute-puissance de la Révolution jusque sur les degrés de la barricade, jusque sur la plate-forme de l'échafaud. Sois la torche qui incendie et le flambeau qui éclaire. Verse le fiel et le miel sur la tête des opprimés. Agite dans tes mains l'étendard du progrès idéal et provoque les libres intelligences à une croisade contre les barbaresques ignorances, Oppose la vérité au préjugé, la liberté à l'autorité, le bien au mal. Homme errant, sois mon champion ; jette à la légalité bourgeoisiale un sanglant défi ; combats avec le fusil et la plume, avec le sarcasme et le pavé, avec le front et la main ; meurs ou tue ! Homme martyr, crucifié social, porte avec courage ta couronne d'épines, mords l'éponge amère que les civilisés te mettent à la bouche, laisse saigner les blessures de ton cœur ; c'est de ce sang que seront faites les écharpes des hommes libres. Le sang des martyrs est une rosée féconde, secouons-en les gouttes sur le monde. Le bonheur n'est pas de ce siècle, il est sur la terre qui chaque jour se révolutionne en gravitant vers la lumière, il est dans l'humanité future !…

Hélas ! tu passeras encore par l'étamine de bien des générations, tu assisteras encore à bien des essais informes de rénovation sociale, à bien des désastres, suivis de nouveaux progrès et de nouveaux désastres, avant d'arriver à la terre promise et avant que toutes les craties et les archies aient fait place à l'anarchie. Les peuples et les hommes briseront et re[s]soudront encore bien des fois leurs chaînes avant d'en jeter derrière eux le dernier maillon. La Liberté n'est pas une femme de lupanar et qui se donne au premier venu. Il faut la conquérir par de vaillantes épreuves, il faut se rendre digne d'elle pour en obtenir le sourire. C'est une grande dame qui est fière de sa noblesse, car sa noblesse lui vient du front et du cœur. La Liberté est une châtelaine qui trône à l'antipode de la civilisation, elle y convie l'Humanité. Avec la vapeur et l'électricité on abrège les distances. Tous les chemins conduisent au but, et le plus court est le meilleur. La Révolution y a posé ses rails de fer. Hommes et peuples, allez !!!

L'Idée avait parlé : je m'inclinai…

fin de la deuxième partie.

ISBN : 978-1973869153

www.ingramcontent.com/pod-product-compliance
Lightning Source LLC
Chambersburg PA
CBHW051323220526
45468CB00004B/1478